新

步 步 高

보보고

중국어 입문

시사중국어사

新 보보고 步步高 중국어 입문

초판발행	2019년 3월 1일
1판 4쇄	2022년 10월 10일

저자	程相文, 김준헌
편집	최미진, 가석빈, 엄수연, 高霞
펴낸이	엄태상
디자인	권진희
콘텐츠 제작	김선웅
마케팅본부	이승욱, 왕성석, 노원준, 조성민, 이선민
경영기획	조성근, 최성훈, 정다운, 김다미, 최수진, 오희연
물류	정종진, 윤덕현, 신승진, 구윤주

펴낸곳	시사중국어사(시사북스)
주소	서울시 종로구 자하문로 300 시사빌딩
주문 및 문의	1588-1582
팩스	0502-989-9592
홈페이지	http://www.sisabooks.com
이메일	book_chinese@sisadream.com
등록일자	1988년 2월 12일
등록번호	제300 - 2014 - 89호

ISBN 979-11-5720-148-8(14720)
　　　979-11-5720-142-6(set)

머리말

최근 중국어 학습자의 급속한 증가와 더불어 각종 유형의 중국어 교재 역시 봇물을 이루고 있습니다. 그렇지만, 어떤 외국어라도 제대로 배우고자 한다면 반드시 말하기, 듣기, 읽기, 쓰기 이 네 가지 능력을 갖추어야 한다는 사실 또한 부정할 수 없습니다.

이 책은 중국어의 말하기, 듣기, 읽기, 쓰기의 네 부분을 골고루 향상시키는 것을 목표로, 중국어 학습자들이 범하기 쉬운 오류 교정에 초점을 맞추어 만든 교재입니다. 무엇보다, 중국 현지에서 수년간 한국 학생들을 비롯하여 외국인들을 지도했던 교수진이, 그 동안의 강의 경험을 통하여 얻은 노하우로 한국 학생들이 무엇을 어려워하는지 또 그 해결책이 무엇인지를 명쾌하게 제시하고 있습니다.

본 교재의 특징은 다음과 같습니다.

1 한국에서 중국어를 학습하는 학습자들을 주요 대상으로 삼고 있으며, 발음과 어법 부분은 학습자가 틀리기 쉬운 내용에 중점을 두었습니다.

2 학습자들의 실전적인 발음 연습을 돕기 위하여 원어민 발음 음원 QR코드를 삽입했습니다.

3 본문은 실제 생활과 밀접한 실용적인 내용들로 구성하였기에, 학습자들이 학습한 내용을 실생활에 즉시 응용할 수 있습니다.

4 앞 과에서 학습한 문형을 반복적으로 등장시켜서 학습자들이 자연스럽게 복습할 수 있습니다.

5 단순 반복형 문제가 아닌 난이도에 따른 맞춤형 문제로 구성된 워크북은 말하기, 듣기, 읽기, 쓰기의 네 부분을 동시에 향상시킬 수 있습니다.

중국어를 처음 접한 후 혼란으로 가득 찬 여러분들이 본 교재를 통해 더욱 쉽고 효율적으로 중국어를 학습하여, 중국인과의 교류에 적극적으로 활용하길 바랍니다. 아울러, 당장 가시적인 성과가 나타나지 않더라도 이 책으로 학습한 여러분이 중국어와 친숙해지고 자신감을 회복하는 계기가 된다면, 그것만으로도 절반의 성공이라 생각합니다.

이 책의 구성

학습내용 및 단어

학습내용을 미리 살펴보며 핵심 내용을 한눈에 도장 쾅!

단계별 난이도를 고려한 각 과의 필수 어휘를 통해 감각을 익힙니다. 본문과 단어가 분리되어 있어 단어 암기에 더욱 효율적입니다.

발음 학습 및 발음 연습

발음 학습에 어려움을 느끼는 여러분을 위해 준비한 코너! QR코드를 이용해 원어민의 발음을 바로바로 들어볼 수 있습니다.

힘들고 지루하기만 하던 발음 연습! 이제 잰말놀이로 즐겁게 익혀보세요!

본문

중국에서 유학하고 있는 주인공들이 펼치는 유쾌한 생활 스토리를 통해 중국어 회화 실력도 높이고 문법 기초도 탄탄하게 쌓아보세요!

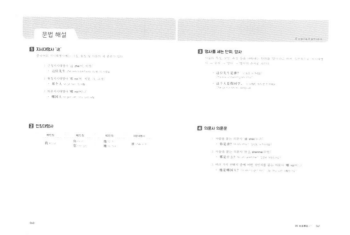

문법 해설

본문 회화에서 핵심이 되는 문법 내용을 알차게 모았습니다. 맥락을 짚은 해설과 적절한 예문을 통해 본문 내용을 200% 이해할 수 있습니다.

문형 연습

문형의 핵심 틀만 파악하면 다양한 상황에서 활용할 수 있습니다. 주어진 어휘로 새로운 문장을 만들어보며 중국어 핵심 문형을 내 것으로!

중국 문화이야기

우리나라와 닮은 듯 다른 중국! 중국 문화를 알면 중국어를 더욱 재미있게 배울 수 있겠죠?

워크북

본 교재의 알짜배기 학습 코너! 다양한 유형의 문제를 난이도에 맞춰서 정리했습니다. 외국어는 직접 말하고, 듣고, 읽고, 써 봐야 실력이 늘죠! 본 책에서 배운 내용을 복습하며 진짜 자신의 것으로 만드세요!

차 례

01 발음 워밍업! 17

학습내용
- 운모 'a', 'i', 'e', 'o', 'u', 'ü'
- 성모 'b', 'p', 'm', 'f', 'd', 't', 'n', 'l'
- 중국의 언어, 보통화와 방언

02 你好! 안녕하세요!
Nǐ hǎo! 23

학습내용
- 성모 'g', 'k', 'h'
- 복운모 'ai', 'ao', 'an', 'ang', 'ei', 'en', 'eng', 'ou', 'ong'
- 인사말
- 형용사술어문
- '吗'의문문
- 중복 표현의 생략

03 谢谢! 고마워요!
Xièxie! 35

학습내용
- 성모 'j', 'q', 'x'
- 복운모 'ia', 'ian', 'iang', 'iao', 'in', 'ing', 'iong', 'iu', 'ie'
- 존칭형
- 동사술어문
- 감사와 겸양의 표현

등장인물

林小英

林小英 린샤오잉

한국에서 중국으로 유학 온 현수와 다정이에게 중국에 대해 알기 쉽게 소개해주는 중국인 친구!

李贤秀

李贤秀 이현수

중국으로 유학 온 직딩!
절친인 다정이에게 매일 놀림을 받으면서도 즐거운 중국 유학 중~

金多情

金多情 김다정

현수와 마찬가지로 중국을 유학 중인 다정!
조금 덤벙거리긴 해도 시원시원하고 유쾌한 성격의 매력 부자!

중국어
기초지식

1 한어병음 자모표

	a	o	e	-i	er	ai	ei	ao	ou	an	en	ang	eng	ong	i	ia	iao	ie
b	ba	bo				bai	bei	bao		ban	ben	bang	beng		bi		biao	bie
p	pa	po				pai	pei	pao	pou	pan	pen	pang	peng		pi		piao	pie
m	ma	mo	me			mai	mei	mao	mou	man	men	mang	meng		mi		miao	mie
f	fa	fo					fei		fou	fan	fen	fang	feng					
d	da		de			dai	dei	dao	dou	dan	den	dang	deng	dong	di		diao	die
t	ta		te			tai		tao	tou	tan		tang	teng	tong	ti		tiao	tie
n	na		ne			nai	nei	nao	nou	nan	nen	nang	neng	nong	ni		niao	nie
l	la		le			lai	lei	lao	lou	lan		lang	leng	long	li	lia	liao	lie
g	ga		ge			gai	gei	gao	gou	gan	gen	gang	geng	gong				
k	ka		ke			kai	kei	kao	kou	kan	ken	kang	keng	kong				
h	ha		he			hai	hei	hao	hou	han	hen	hang	heng	hong				
j															ji	jia	jiao	jie
q															qi	qia	qiao	qie
x															xi	xia	xiao	xie
zh	zha		zhe	zhi		zhai	zhei	zhao	zhou	zhan	zhen	zhang	zheng	zhong				
ch	cha		che	chi		chai		chao	chou	chan	chen	chang	cheng	chong				
sh	sha		she	shi		shai	shei	shao	shou	shan	shen	shang	sheng					
r			re	ri				rao	rou	ran	ren	rang	reng	rong				
z	za		ze	zi		zai	zei	zao	zou	zan	zen	zang	zeng	zong				
c	ca		ce	ci		cai		cao	cou	can	cen	cang	ceng	cong				
s	sa		se	si		sai		sao	sou	san	sen	sang	seng	song				
	a	o	e		er	ai	ei	ao	ou	an	en	ang	eng		yi	ya	yao	ye

iou	ian	in	iang	ing	iong	u	ua	uo	uai	uei	uan	uen	uang	ueng	ü	üe	üan	ün
	bian	bin		bing		bu												
	pian	pin		ping		pu												
miu	mian	min		ming		mu												
						fu												
diu	dian			ding		du		duo		dui	duan	dun						
	tian			ting		tu		tuo		tui	tuan	tun						
niu	nian	nin	niang	ning		nu		nuo			nuan				nü	nüe		
liu	lian	lin	liang	ling		lu		luo			luan	lun			lü	lüe		
						gu	gua	guo	guai	gui	guan	gun	guang					
						ku	kua	kuo	kuai	kui	kuan	kun	kuang					
						hu	hua	huo	huai	hui	huan	hun	huang					
jiu	jian	jin	jiang	jing	jiong										ju	jue	juan	jun
qiu	qian	qin	qiang	qing	qiong										qu	que	quan	qun
xiu	xian	xin	xiang	xing	xiong										xu	xue	xuan	xun
						zhu	zhua	zhuo	zhuai	zhui	zhuan	zhun	zhuang					
						chu	chua	chuo	chuai	chui	chuan	chun	chuang					
						shu	shua	shuo	shuai	shui	shuan	shun	shuang					
						ru		ruo		rui	ruan	run						
						zu		zuo		zui	zuan	zun						
						cu		cuo		cui	cuan	cun						
						su		suo		sui	suan	sun						
you	yan	yin	yang	ying	yong	wu	wa	wo	wai	wei	wan	wen	wang	weng	yu	yue	yuan	yun

- 가장 아래의 음절은 단독으로 쓰일 때의 표기입니다.
- 감탄사에 나타나는 특수한 음절(ng, hm, hng 등)은 생략합니다.

2 중국어의 기초지식

① 중국어의 표준말은 베이징 지역에서 사용하는 방언을 바탕으로 하고 있으며, 이를 '**보통화**(普通话)'라고 부른다.

② 중국어의 표기는 기존의 한자(繁体字: 번체자)를 사용하기 편리하게 대폭 간소화한 형태의 한자인 '간체자(简体字)'를 사용한다.

③ 중국어의 발음 표기는 알파벳을 빌려와서 표기하는데, 이를 '한어병음자모(汉语拼音字母)'라고 하며, 흔히 '병음'이라고 줄여서 부른다.

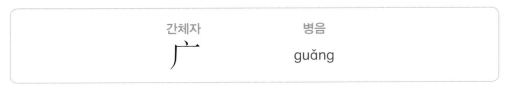

3 중국어의 음절

중국어의 음절은 성모, 운모, 성조가 한 세트를 이룬다. 음절의 첫 머리에 오는 것이 성모이며, 성모를 제외한 나머지가 운모이다. 성조는 '성모 + 운모'로 이루어진 음절을 발음할 때, 처음부터 끝까지 함께한다.

예) 广 guǎng : 'g'는 성모, 'uang'은 운모, 'a'의 위에 있는 'ˇ'는 성조 기호

중국어 표준말에는 높낮이가 다른 네 개의 성조와 경성이 있다. 네 개의 성조는 각각 고유의 기호를 가지고 있는데, 제1성은 ' ─ ', 제2성은 ' ✓ ', 제3성은 ' ∨ ', 제4성은 ' ╲ '로 표시한다. 경성은 가볍게 발음하는 성조로, 별도의 기호는 없다. 또한, 제3성에는 전체 성조의 전반부만 발음하는 '반3성'이라는 변형이 존재한다.

우리가 평소에 말할 때 나오는 소리의 높낮이를 '낮은 음', '중간 음', '높은 음'으로 구분하여 중국어 성조의 패턴을 표시하면 아래와 같다.

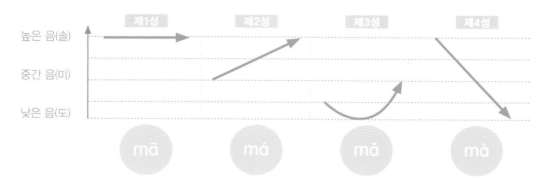

제 1 성 가장 높은 소리에서 출발하여 끝까지 같은 높이를 유지하다가 끝난다.

제 2 성 중간 정도의 높이에서 출발하여 단번에 가장 높은 소리까지 끌어올리고 바로 끝난다.

제 3 성 중간보다 살짝 낮은 위치에서 출발하여 제일 낮은 소리까지 내려갔다가 다시 중간 정도의 높이까지 올라가서 끝난다.
(반3성: 제3성의 패턴에서 제일 낮은 소리까지 내려가는 전반부까지만 발음한다.)

제 4 성 가장 높은 소리에서 출발하여 단번에 가장 낮은 소리까지 내려가서 끝난다.

5 중국어의 품사

구분	품사	보기
1. 명사	사람 혹은 구체적인 사물을 나타냄	鲁迅 同志 工人 山 牛 铅笔
	추상적인 사물을 나타냄	教育 交通 事务 战争 友谊
	장소를 나타냄 [장소사]	北京 长城 黄河 亚洲 美国
	시간을 나타냄 [시간사]	秋天 夏季 明天 早晨 晚上
	방위를 나타냄 [방위사]	东 西 上 下 前面 后头
2. 동사	동작·행위를 나타냄	走 打 说 保卫 团结 支持
	존재·변화를 나타냄	有 存在 消失 缩小 兴旺
	심리활동을 나타냄	想 爱 恨 忘记 希望 喜欢
	사역을 나타냄	使 叫 让 请
	가능·원망을 나타냄 [능원동사]	能 会 可以 应该 愿意
	방향을 나타냄 [방향동사]	来 去 起来 过来 下去 进来
	판단을 나타냄 [판단사]	是
3. 형용사	성질을 나타냄 [성질형용사]	高 好 小 美丽 优秀 勇敢
	상태를 나타냄 [상태형용사]	大大 干干净净 雪白 热乎乎
4. 수사	명확한 수를 나타냄	一 二 三十 百 千
	대략의 수를 나타냄	几 一些 许多 少数
5. 양사	명사적 양을 나타냄 [명량사]	个 本 枝 件 尺 寸 斤
	동사적 양을 나타냄 [동량사]	次 回 下 遍 阵 趟
6. 대명사	인칭대명사	我 你 他 我们 你们 他们
	의문대명사	谁 什么 怎么 怎样 哪(里)
	지시대명사	这(里) 那(里) 这么 那么
7. 부사		很 都 不 非常 往往 就 又
8. 전치사		由 自 从 在 向 朝 和 对于
9. 접속사		和 同 不但 而且 虽然 但是
10. 조사	구조조사	的 地 得 所 似的
	동태조사	了 着 过
	어기조사	的 了 吗 呢 吧
11. 감탄사		阿 哎 哎呀 呸 喂 嗯
12. 의성어		砰 轰隆 乒乓 哗啦啦

01 발음 워밍업!

发音
fāyīn

 학습내용

- 운모 'a', 'i', 'e', 'o', 'u', 'ü'
- 성모 'b', 'p', 'm', 'f', 'd', 't', 'n', 'l'
- 중국의 언어, 보통화와 방언

 단어 🎧 01-01

一 yī 수 1, 일   五 wǔ 수 5, 오

八 bā 수 8, 팔   马 mǎ 명 (동물) 말

你 nǐ 대 너, 당신   他 tā 대 그

她 tā 대 그녀   女 nǚ 명 여자

妈妈 māma 명 엄마, 어머니   爸爸 bàba 명 아빠, 아버지

발음 학습

1 운모 'a', 'i', 'e', 'o', 'u', 'ü'의 발음

🎧 01-02

	a	입을 크게 벌리고 혀의 위치를 낮게 하여 밝게 '아'라고 발음한다.
	i	입술을 좌우의 귀 쪽으로 확 당겨준다는 느낌으로 '이'를 발음한다.
	e	입술을 좌우의 귀 쪽으로 살짝만 당긴 상태에서 목의 안쪽에서 내는듯한 목소리로 '으'와 '어'의 중간 정도쯤 되는 소리를 낸다.
	o	입술을 둥글게 한 다음 앞으로 삐쭉 내민 상태에서 '오'라고 발음한다.
	u	입술을 완전히 둥글게 말고서 앞으로 삐쭉 내민 상태에서 '우'라고 발음한다.
	ü	'u'와 'i'를 함께 소리낸다는 생각으로 '위'와 비슷하게 발음한다. 도중에 입술 모양을 풀지 않도록 주의한다.

2 성모 'b', 'p', 'm', 'f'의 발음

🎧 01-03

'b', 'p', 'm', 'f'에는 'o'를 붙여서 연습한다.

	bo	입술을 닫고 있다가 갑자기 열면서 '뽀'를 좀 더 힘차게 발음한다. 이때 가능한 숨소리가 나오지 않도록 주의한다. 발음이 길어지면 '뽀어'처럼 들린다.
	po	입술을 닫고 있다가 갑자기 열면서 '포'처럼 발음한다. 이때 'bo'와는 달리 가능한 숨소리가 세차게 나오도록 발음한다. 발음이 길어지면 '포어'처럼 들린다.
	mo	일반적인 'm'의 발음과 같다. 발음이 길어지면 '모어'처럼 들린다.
	fo	윗니로 아랫입술을 살짝 문 상태에서 발음하는데, 영어의 'f'와 거의 같다.

3 성모 'd', 't', 'n', 'l'의 발음

'd', 't', 'n', 'l'에는 'e'를 붙여서 연습한다.

	de	혀끝을 윗니(앞니)의 뒤에 살짝 대었다가 떼면서 '뜨'를 강하게 발음하는 기분으로 소리 낸다. 이때 가능한 숨소리가 나오지 않도록 주의한다. 한 음절이지만, 미세하게 구분한다면 '뜨'로 시작해서 '어'로 끝나는 것처럼 들린다.
	te	'de'와 발음 방법은 같지만, 강한 숨소리가 함께 나와야 한다는 점이 다르다. 미세하게 구분한다면 '트'로 시작해서 '어'로 끝나는 것처럼 들린다.
	ne	영어의 'n' 혹은 우리말의 'ㄴ'과 같은 발음이다. 미세하게 구분한다면 '느'로 시작해서 '어'로 끝나는 것처럼 들린다.
	le	영어의 'l'과 같은 발음이다. 미세하게 구분한다면 '르'로 시작해서 '어'로 끝나는 것처럼 들린다.

발음 연습

	a	i	e	o	u	ü
b	ba	bi	-	bo	bu	-
p	pa	pi	-	po	pu	-
m	ma	mi	me	mo	mu	-
f	fa	-	-	fo	fu	-
d	da	di	de	-	du	-
t	ta	ti	te	-	tu	-
n	na	ni	ne	-	nu	nü
l	la	li	le	-	lu	lü
-	a	yi	e	o	wu	yu

잰말놀이 绕口令 ràokǒuling

■ 앞에서 배운 중국어 발음을 재미있게 연습해 보세요!

1. 妈妈骑马，马慢，
   Māma qí mǎ, mǎ màn,
   妈妈骂马。
   māma mà mǎ.

   엄마가 말을 타고 가는데.
   말이 느려서 혼을 낸다.

2. 姥姥喝酪，酪落，
   Lǎolao hē lào, lào lào,
   姥姥捞酪。
   lǎolao lāo lào.

   외할머니가 요구르트를 먹다가
   요구르트가 떨어져서 요구르트를
   건져낸다.

3. 兜里装豆，豆装满兜，
   Dōuli zhuāng dòu,
   dòu zhuāngmǎn dōu,
   兜破漏豆。
   dōu pò lòu dòu.

   주머니에 콩을 넣었는데.
   콩이 주머니에 가득 찬 탓에
   주머니에 구멍이 나 콩이 흘러나온다.

중국 문화이야기

중국의 언어, 보통화와 방언

중국어는 일반적으로 지역을 근거로 크게 북방 방언과 남방 방언으로 분류하지만, 좀 더 상세하게 일곱 종류로 나눌 수 있습니다. 그중, 우리들이 배우고 있는 '보통화(普通话 pǔtōnghuà)'는 베이징 방언을 바탕으로 하는 북방 방언의 대표로, 대략 중국인 중 70% 정도가 일상생활에서 사용하는 말입니다.

나머지 여섯 종류는 모두 남방 방언에 속합니다. 상하이 주변의 연안 지역에서 주로 사용하는 오(吳) 방언이 사용인구 9%로, 인구수로는 8천만 명에 달합니다. 흔히 홍콩말 혹은 광동어로 알려져 있는 월(粵) 방언 사용자는 인구수로 볼 때 5천만 명 정도가 되는데, 이는 우리나라 총인구와 비슷하다고 보면 됩니다. 그 외에, 사용 인구 순으로, 상(湘) 방언(호남성 등), 민(閩) 방언(복건성 및 타이완 등), 객가(客家) 방언(사천성, 광동, 타이완 등지에 분포), 공(贛) 방언(강서성 등)이 이어집니다.

이상 일곱 종류의 방언들은 한자를 사용한다는 공통점이 있기는 하지만, 대화상으로는 서로 소통되지 않을 정도로 큰 언어 차이를 보입니다. 예를 들어 홍콩 사람과 베이징 사람 사이의 대화는 상대방의 언어를 배운 적이 없는 프랑스인과 독일인이 만나서 이야기하는 상황과 같다고 생각하면 됩니다.

02

你好!
Nǐ hǎo!
안녕하세요!

학습내용

- 성모 'g', 'k', 'h'
- 복운모 'ai', 'ao', 'an', 'ang', 'ei', 'en', 'eng', 'ou', 'ong'
- 인사말
- 형용사술어문
- '吗'의문문
- 중복 표현의 생략

단어 02-01

好 hǎo 형 좋다, 안녕하다   忙 máng 형 바쁘다

吗 ma 조 의문을 나타내는 어기조사   很 hěn 부 아주, 매우

呢 ne 조 의문을 나타내는 어기조사   不 bù 부 아니다, 안

太 tài 부 너무, 대단히   哥哥 gēge 명 형, 오빠

弟弟 dìdi 명 남동생   妹妹 mèimei 명 여동생

발음 학습

1 성모 'g', 'k', 'h'의 발음

🎧 02-02

'g', 'k', 'h'에는 'e'를 붙여서 연습한다.

	ge	혀뿌리로 입천장의 뒤쪽을 막았다가 살짝 떼면서 조금 답답한 느낌의 '끄'를 발음한다. 이때 숨소리가 함께 나오지 않도록 주의한다.
	ke	'g'와 같은 발음 방법으로 조금 답답한 느낌의 '크'를 발음한다. 이때 강력한 숨소리가 함께 나온다는 점에 주의한다.
	he	목청에서 소리가 나올 때 혀뿌리를 살짝 들어 올려 공기의 배출구를 극도로 좁혀 아주 탁한 느낌의 '흐'를 발음한다. '흐'와 '크'의 중간 정도의 소리가 들려야 한다.

2 복운모 'ai', 'ao', 'an', 'ang'의 발음

QR	**ai**	'a'는 강하고 길게 발음하고, 'i'는 가볍게 발음한다.
QR	**ao**	'a'를 강하고 길게 발음하고, 'o'는 가볍게 발음한다.
QR	**an**	'n' 부분을 강조하는 느낌으로 우리말의 '안'을 발음한다.
QR	**ang**	우리말의 '앙'보다 입을 한층 더 크게 벌리는 느낌으로 발음한다.

3 복운모 'ei', 'en', 'eng', 'ou', 'ong'의 발음

	ei	'e'의 뒤에 'i'가 올 때는 '에(정확하게는 [ɛ])'로 발음해야 한다. 따라서 'ei'는 '에이'로 발음하면 된다.
	en	'n' 앞의 'e'는 영어의 '[ə]'나 우리말의 '으'처럼 발음한다. 우리말의 '언'을 발음하는 것처럼 하되 마지막에 혀 끝이 윗니와 아랫니 사이에 살짝 끼어 있는 상태가 되는 것이 좋다.
	eng	'ng' 앞의 'e'는 영어의 '[ə]'나 우리말의 '으'처럼 발음한다. 전체적으로는 우리말의 '엉'보다 콧소리가 더 많이 섞여 있는 느낌으로 발음한다.
	ou	'o'는 '오'보다는 '어' 쪽에 가깝게 발음하고 뒤에 'u'를 붙이면 된다.
	ong	우리말의 '옹'보다 입술을 좀 더 둥글게, 콧소리는 더 많이 섞여 있는 느낌으로 발음한다.

발음 연습

	ai	ao	an	ang	ei	en	eng	ou	ong
g	gai	gao	gan	gang	gei	gen	geng	gou	gong
k	kai	kao	kan	kang	kei	ken	keng	kou	kong
h	hai	hao	han	hang	hei	hen	heng	hou	hong

잰말놀이 绕口令 ràokǒulìng　　　　　　　 02-06

■ 앞에서 배운 중국어 발음을 재미있게 연습해 보세요!

画是画，花是花。
Huà shì huà, huā shì huā.

그림은 그림이고,
꽃은 꽃이다.

画不是花，花不是画。
Huà bú shì huā, huā bú shì huà.

그림은 꽃이 아니고,
꽃은 그림이 아니다.

我画画，
Wǒ huà huà,

나는 그림을 그리는데,

花美我来画。
huā měi wǒ lái huà.

꽃이 예뻐서
내가 직접 그린다.

발음 규칙

1 제3성의 성조 변화 규칙

02-07

제3성이 연속될 때 앞의 제3성은 제2성으로 변화한다. 다만, 성조 표시는 그대로 둔다.

병음 표기		실제 발음
Nǐ hǎo	→	Ní hǎo
hěn hǎo	→	hén hǎo

뒤에 제1성, 제2성, 제4성이 올 때, 앞의 제3성은 반3성으로 변화한다. 반3성이란, 음이 우선 아래로 내려갔다가 다시 위로 올라가는 일반적인 제3성과 달리, 음이 아래로 내려간 후 다시 올라가지 않고 다음 성조로 바로 이어지는 것을 말한다.

병음 표기		실제 발음
hěn máng	→	hěn(반3성) máng
hěn lèi	→	hěn(반3성) lèi

경성 앞에 있는 제3성은 일반적으로 반3성으로 변화한다.

병음 표기		실제 발음
Nǐ ne?	→	Nǐ(반3성) ne?
nǐmen	→	nǐ(반3성)men

2 '不'와 '一'의 성조 변화 규칙

◎ '不'의 성조 변화

'不'의 성조는 원래 제4성으로 'bù'이다.

---

① '不'는 제4성 앞에서 제2성으로 변화한다.
- bú tài máng

② 제1, 2, 3성의 앞에서는 원래 성조인 제4성으로 발음한다.
- bù [단독으로 쓰일 때]
- bù gāo
- bù máng
- bù hǎo

◎ '一'의 성조 변화

'一'의 성조는 원래 제1성으로 'yī'이다.

---

① '一'는 제4성 앞에서 제2성으로 변화한다.
- yígòng

② 제1, 2, 3성의 앞에서는 제4성으로 변화한다.
- yì dāo
- yì máo
- yì qǐ

③ 순서나 차례 등을 나타낼 때 혹은 단어의 일부로 쓰일 때는 원래 성조인 제1성으로 발음한다.
- dìyī [第一: 제일]
- tǒngyī [统一: 통일]

A 你好! **1 2**   02-09
Nǐ hǎo!

B 你好!
Nǐ hǎo!

A 你忙吗? **4**
Nǐ máng ma?

B 很忙。你呢? **5**
Hěn máng. Nǐ ne?

A 不太忙。 **3**
Bú tài máng.

문법 해설

1 인사말, 你好!

남녀노소 누구나 시간을 구분하지 않고 하루 중 언제든지 사용할 수 있는 인사말이다.
대답 역시 '你好!'라고 하면 된다.

2 형용사술어문

서술어가 형용사인 문장을 '형용사술어문'이라고 한다.

주어	+	서술어 [형용사]	
你		好!	안녕하세요!
Nǐ		hǎo!	

형용사술어문 중에서도 긍정평서문일 경우에는 형용사 앞에 일반적으로 부사 '很 hěn'
이 필요하다.

주어	+	부사	+	서술어 [형용사]	
我		很		忙。	저는 바빠요.
Wǒ		hěn		máng.	

3 형용사술어문의 부정

형용사술어문은 서술어인 형용사의 앞에 부정부사 '不 bù'를 붙여서 부정할 수 있다.

- 我不忙。   저는 바쁘지 않아요.
  Wǒ bù máng.

문법 해설

4 '吗'의문문

평서문의 끝에 조사 '吗 ma'를 붙여서 의문문을 만들 수 있다.

- **你忙吗?**　당신은 바쁜가요?
  Nǐ máng ma?

5 중복 표현의 생략

상대방이 한 질문을 그대로 되돌려 줄 때는 중복되는 표현은 생략하고 주어 뒤에 '呢 ne'를 붙이면 된다.

- A　**你忙吗?**　당신은 바쁜가요?
  Nǐ máng ma?

  B　**很忙。你呢?**　바빠요. 당신은요?
  Hěn máng. Nǐ ne?

문형 연습

1 **忙吗?** ～은 바쁜가요?
… máng ma?

예 **你 忙吗?** 당신은 바쁜가요?
Nǐ máng ma?

爸爸
Bàba

妈妈
Māma

哥哥
Gēge

2 **很忙。** ～은 바빠요.
… hěn máng.

예 **她 很忙。** 그녀는 바빠요.
Tā hěn máng.

妈妈
Māma

弟弟
Dìdi

妹妹
Mèimei

3 **不太忙。** ~은 그다지 바쁘지 않아요.

··· bú tài máng.

🎧 02-12

예 他 **不太忙。** 그는 그다지 바쁘지 않아요.

Tā bú tài máng.

爸爸
Bàba

哥哥
Gēge

妹妹
Mèimei

03 谢谢!

Xièxie!

고마워요!

 **학습내용**

- 성모 'j', 'q', 'x'
- 복운모 'ia', 'ian', 'iang', 'iao', 'in', 'ing', 'iong', 'iu', 'ie'
- 존칭형
- 동사술어문
- 감사와 겸양의 표현

 단어 🎧 03-01

您 nín 때 당신 ['你'의 존경형]	请 qǐng 통 요청하다
进 jìn 통 들어오다(가다)	家 jiā 명 집
漂亮 piàoliang 형 예쁘다	谢谢 xièxie 통 감사하다
喝 hē 통 마시다	咖啡 kāfēi 명 커피
客气 kèqi 형 사양하다	可乐 kělè 명 콜라
茶 chá 명 (음료) 차	姐姐 jiějie 명 언니, 누나
六 liù 수 6, 여섯	九 jiǔ 수 9, 아홉

발음 학습

1 성모 'j', 'q', 'x'의 발음

03-02

'j', 'q', 'x'에는 'i'를 붙여서 연습한다.

(QR)	**ji**	혀끝을 아래 앞니의 뒤쪽에 대고 입술을 양 귀 쪽으로 당겨준다는 느낌으로 '찌'를 강하게 발음한다. 이때 숨소리가 나오지 말아야 한다는 점에 주의한다.
(QR)	**qi**	'ji'와 같은 발음 방법으로 '치'를 강하게 발음한다. 이때 강력한 숨소리가 함께 나온다는 점에 주의한다.
(QR)	**xi**	혀끝을 아래 앞니의 뿌리 부분에 댄다. 이렇게 하면 혀의 앞에서 1/3 정도에 해당하는 부위가 볼록해진다. 이때 공기를 볼록해진 혀 부위와 입천장, 아래윗니의 틈새를 통과시켜서 살짝 탁한 느낌의 '씨'를 발음한다.

2 **복운모 'ia', 'ian', 'iang', 'iao', 'in', 'ing', 'iong', 'iu', 'ie'의 발음** 03-03

	ia	'i'는 약하게 'a'는 세게 발음한다.
	ian	'i'와 'n' 사이의 'a'는 '아'가 아니라 영어의 '[e]'나 우리 말의 '에'와 비슷한 발음으로 변화한다.
	iang **(yang)**	앞의 'i'는 약하고 짧게 발음한 다음 연이어 콧소리를 섞어서 'ang'을 발음한다.
	iao	'i'와 'a'와 'o'를 각각 '약', '중', '약'의 세기로 발음하되 한 음절로 소리 내야 한다는 점에 주의한다.

	in	혀끝을 아래윗니 사이에 끼우면서 '인'을 발음한다.
	ing	콧소리를 많이 섞어서 '잉'을 발음한다.
	iong	입술을 둥글게 말고 'i'를 먼저 발음하고 연속적으로 콧소리가 많이 섞인 'ong'을 발음한다.
	iu	'i'와 'u'의 사이에 약한 '어' 발음이 끼어 있다고 생각하고 발음한다.
	ie	'i'는 약하게 발음하고, 'e'를 세게 발음한다.

발음 연습

	ia	ian	iang	iao	in	ing	iong	iu	ie
j	jia	jian	jiang	jiao	jin	jing	jiong	jiu	jie
q	qia	qian	qiang	qiao	qin	qing	qiong	qiu	qie
x	xia	xian	xiang	xiao	xin	xing	xiong	xiu	xie
-	ya	yan	yang	yao	yin	ying	yong	you	ye

잰말놀이 绕口令 ràokǒulìng

■ 앞에서 배운 중국어 발음을 재미있게 연습해 보세요!

七加一，再减一，
Qī jiā yī, zài jiǎn yī,

7에 l을 더하고 다시 l을 빼자.

加完减完等于几?
jiā wán jiǎn wán děngyú jǐ?

더하기 빼기를 다 하면
답은 얼마게?

七加一，再减一，
Qī jiā yī, zài jiǎn yī,

7에 l을 더하고 다시 l을 빼자.

加完减完等于七。
jiā wán jiǎn wán děngyú qī.

더하기 빼기를 다 하면
답은 7이야.

발음 규칙

1 성모의 유무에 따른 표기 변화

'i'가 단독으로 음절을 구성하는 경우에는 'yi'로 표기한다. 'i'의 앞에 성모는 없으나 뒤에 다른 운모가 있는 경우에는 'i'를 'y'로 바꾸어 표기한다. 또한, 'iou'의 앞에 다른 성모가 있는 경우에는 중간의 'o'를 생략한다.

---

① 'i'가 다른 성모 없이 단독 음절인 경우: 'yi'라고 표기

② 'i'의 앞에 성모가 있는 경우

　ji　jia　jian　jiang　jiao　jin　jing　jiong　jie

③ 'i'의 앞에 성모가 없는 경우

　ya　yan　yang　yao　yin　ying　yong　you　ye

④ 성모 + 'iou' [중간의 'o'는 생략]

　diu　jiu

---

2 경성의 높이

03-06

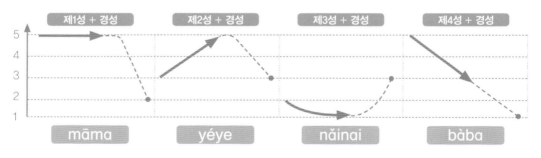

A 您❶好！

03-07

Nín hǎo!

B 您好！请❶进！

Nín hǎo! Qǐng jìn!

A 您家很漂亮。

Nín jiā hěn piàoliang.

B 谢谢！请喝咖啡。❷

Xièxie! Qǐng hē kāfēi.

A 谢谢。❹

Xièxie.

B 不客气。❹

Bú kèqi.

문법 해설

1 존칭형

◎ 대명사의 존칭형

① 2인칭 대명사 일반형: 你 nǐ 너

- 你好! 안녕!
  Nǐ hǎo!

② 2인칭 대명사 존칭형: 您 nín 당신

- 您好! 안녕하세요!
  Nín hǎo!

◎ 동사의 존칭형
일반동사의 앞에 '请 qǐng'을 붙이면 전체 문장에 영어의 'please' 정도의 의미를 추가할 수 있다.

- 请喝咖啡。 커피 드세요.
  Qǐng hē kāfēi.

2 동사술어문

서술어가 동사인 문장을 '동사술어문'이라고 한다.

주어	+	동사	+	목적어	
我		喝		咖啡。	저는 커피를 마셔요.
Wǒ		hē		kāfēi.	

3 동사술어문의 부정

동사술어문은 동사의 앞에 부정부사 '不 bù'를 붙여서 부정한다.

- 我不喝咖啡。　저는 커피를 마시지 않아요.
  Wǒ bù hē kāfēi.

4 감사와 겸양의 표현

상대방에게 감사의 인사를 받았을 때는 겸손한 의미를 담아 대답을 하는 것이 예의이다.

- A 谢谢。　고마워요.
  Xièxie.

- B 不客气。　별말씀을요.
  Bú kèqi.

문형 연습

1 请 　 。 ～하세요. [상대방에게 무언가를 권할 때]　🎧 03-08
Qǐng ….

예 请进 。 들어오세요.
Qǐng jìn.

喝咖啡
hē kāfēi

喝可乐
hē kělè

喝茶
hē chá

2 　 家很漂亮。 ～의 집은 예뻐요.　🎧 03-09
… jiā hěn piàoliang.

예 你 家很漂亮。 당신 집이 예쁘네요.
Nǐ jiā hěn piàoliang.

他
Tā

你姐姐
Nǐ jiějie

你哥哥
Nǐ gēge

您贵姓?

Nín guì xìng?

당신의 성은 무엇인가요?

학습내용

- 성모 'zh', 'ch', 'sh', 'r'
- 복운모 '-i', 'ui', 'ua', 'uai', 'uan', 'uang', 'un', 'ueng', 'uo'
- 이름 묻고 답하기
- '贵'의 용법
- 중국인의 성씨

단어 🎧 04-01

问 wèn 통 묻다	贵姓 guì xìng 성이 ~이다 [존칭형]
姓 xìng 통 성이 ~이다	我 wǒ 대 나
叫 jiào 통 ~라고 부르다	是 shì 통 ~이다
先生 xiānsheng 명 선생 [성인 남성의 존칭]	对 duì 형 맞다, 옳다
欢迎 huānyíng 통 환영하다	小姐 xiǎojiě 명 아가씨 [젊은 여성]
什么 shénme 대 무엇, 무슨	名字 míngzi 명 이름

고유 명사

林小英 Lín Xiǎoyīng 인명 린샤오잉	李贤秀 Lǐ Xiánxiù 인명 이현수
金多情 Jīn Duōqíng 인명 김다정	

발음 학습

1 성모 'zh', 'ch', 'sh', 'r'의 발음 [권설음]

04-02

'zh', 'ch', 'sh', 'r'의 뒤에는 'i'를 붙여서 연습한다. 이 'i'는 일반적인 'i'가 아니라 권설음이라는 성모의 뒤에서만 나는 특수한 소리이기 때문에 절대로 '이'라고 발음하지 않도록 주의한다.

	zhi	혀끝을 들어서 윗잇몸보다 좀 더 위쪽에 튀어나와 있는 딱딱한 부위에 대고 '쯔'와 '쩌'의 중간 정도의 느낌으로 발음한다. 이때 혀 전체로 입천장을 덮어준다는 느낌을 가져야 하며, 숨소리가 밖으로 나오지 않도록 주의한다.
	chi	'zhi'와 같은 방법으로 발음하되 발음할 때 숨소리가 강하게 새어 나온다는 점이 다르다. 우리말의 '쳐'를 아주 세게 발음한다고 생각하면 쉽다.
	shi	발음 방법은 'zhi'와 같고, 발음할 때 소리가 혀와 입천장 사이의 틈을 뚫고 나온다는 느낌으로 '셔'를 아주 세게 발음한다고 생각하면 쉽다.
	ri	발음 방법은 'shi'와 비슷한데, 혀끝은 'shi'를 발음할 때보다 좀 더 안쪽으로 굽힌다. 그런 다음 조금 탁한 느낌으로 '르'를 발음한다.

2 **복운모 '-i', 'ui', 'ua', 'uai', 'uan', 'uang', 'un', 'ueng', 'uo'의 발음** 🎧 04-03

	-i	일반적인 'i'가 아니라 권설음의 뒤에서만 나는 특수한 소리이다.
	ui	'u'는 약하게, 'i'는 상대적으로 조금 세게 발음한다. 'u'와 'i'의 사이에 약한 '어'가 숨어 있다는 느낌으로 소리를 낸다.
	ua	'u'는 약하게 'a'는 상대적으로 조금 세게 발음한다.
	uai	'u', 'a', 'i'를 각각 '약', '강', '약'의 세기로 연이어 발음한다.

	uan	'u'는 가볍게 발음하고, 이어서 콧소리가 섞인 'an'을 발음한다.
	uang	'u'는 가볍게 발음하고, 이어서 콧소리를 강하게 섞어서 'ang'을 발음한다.
	un	'u'와 'n'의 사이에 약한 '어'가 섞여 있다고 생각하고 발음한다.
	ueng	'u'의 뒤에 있는 'e'는 약한 '어'로 발음한다. 전체적으로 콧소리가 많이 섞여 있다.
	uo	'u'는 약하게, 'o'는 상대적으로 조금 세게 발음한다.

발음 연습

	-i	ui	ua	uai	uan	uang	un	ueng	uo
zh	zhi	zhui	zhua	zhuai	zhuan	zhuang	zhun	-	zhuo
ch	chi	chui	chua	chuai	chuan	chuang	chun	-	chuo
sh	shi	shui	shua	shuai	shuan	shuang	shun	-	shuo
r	ri	rui	-	-	ruan	-	run	-	ruo
-	-	wei	wa	wai	wan	wang	wen	weng	wo

잰말놀이 绕口令 ràokǒuling

■ 앞에서 배운 중국어 발음을 재미있게 연습해 보세요!

四是四，十是十。
Sì shì sì, shí shì shí.

4는 4이고, 10은 10이다.

四不是十，十不是四。
Sì bú shì shí, shí bú shì sì.

4는 10이 아니고,
10은 4가 아니다.

十四是十四，四十是四十。
Shísì shì shísì, sìshí shì sìshí.

14는 14이고, 40은 40이다.

十四不是四十，四十不是十四。
Shísì bú shì sìshí,
sìshí bú shì shísì.

14는 40이 아니고,
40은 14가 아니다.

발음 규칙

1 운모 'u'를 포함하는 음절의 표기

① 'u'의 앞에 성모가 있는 경우: 그대로 표기

zhui   zhua   zhuai   zhuan   zhuang   zhun   zhuo

② 'u'의 앞에 성모가 없는 경우: 'u'를 'w'로 표기

wei   wa   wai   wan   wang   wen   weng   wo

③ 'uei'와 'uen'의 앞에 성모가 있는 경우: 중간의 'e'를 생략하여 표기

zhui   zhun

④ 'u'가 다른 성모 없이 단독 음절인 경우: 'wu'라고 표기

2 문장의 첫머리, 인명, 지명, 국명, 도시명의 병음 표기

◉ 첫 번째 병음을 대문자로 표기

특히, 인명의 경우에는 성과 이름의 첫 알파벳을 모두 대문자로 표기한다.

• 문장의 첫머리: 你好! Nǐ hǎo!

• 인명: 林小英 Lín Xiǎoyīng

A 请问，您贵姓？**1 2**　🎧 04-06
Qǐng wèn, nín guì xìng?

B 我姓林，我叫林小英。
Wǒ xìng Lín, wǒ jiào Lín Xiǎoyīng.

您是李先生吗？
Nín shì Lǐ xiānsheng ma?

A 对，我叫李贤秀。
Duì, wǒ jiào Lǐ Xiánxiù.

B 欢迎您，李先生。
Huānyíng nín, Lǐ xiānsheng.

문법 해설

1 이름 묻고 답하기

◉ 상대방과 자신의 나이가 비슷한 경우

- A 你叫什么名字? 당신의 이름은 무엇인가요?
  Nǐ jiào shénme míngzi?

- B 我叫林小英。 제 이름은 린샤오잉입니다.
  Wǒ jiào Lín Xiǎoyīng.

◉ 상대방이 자신보다 나이가 많은 경우

- A 您贵姓? 당신의 성은 무엇인가요?
  Nín guì xìng?

- B 我姓李，叫李贤秀。 제 성은 '이'이고, '이현수'라고 합니다.
  Wǒ xìng Lǐ, jiào Lǐ Xiánxiù.

◉ 우리나라 사람의 성씨

- 김(金 Jīn), 박(朴 Piáo), 최(崔 Cuī), 정(郑 Zhèng), 백(白 Bái),
  신(申 Shēn), 노(卢 Lú), 류(柳 Liǔ), 마(马 Mǎ), 황(黄 Huáng),
  임(林 Lín), 강(姜 Jiāng), 전(全 Quán), ……

2 '贵'의 용법

상대방과 관련된 사항의 앞에 붙여서 상대에 대한 존경을 나타낸다.

- 贵姓 guìxìng 성씨
- 贵国 guìguó 귀국

문형 연습

1 您是　吗? 당신은 ～인가요?
Nín shì … ma?

🎧 04-07

예 您是李先生吗? 당신이 이 선생님인가요?
Nín shì Lǐ xiānsheng ma?

林小姐
Lín xiǎojiě

马先生
Mǎ xiānsheng

金小姐
Jīn xiǎojiě

2 我姓　, 我叫　。 제 성은 ～이고, 저는 ～라고 합니다.
Wǒ xìng …, wǒ jiào ….

🎧 04-08

예 我姓林, 我叫林小英。 제 성은 린이고, 저는 린샤오잉이라고 합니다.
Wǒ xìng Lín, wǒ jiào Lín Xiǎoyīng.

李　　　　　　李贤秀
Lǐ　　　　　　Lǐ Xiánxiù

金　　　　　　金多情
Jīn　　　　　　Jīn Duōqíng

马　　　　　　马林
Mǎ　　　　　　Mǎ Lín

중국인의 성씨

통계청의 최근 발표에 따르면, 전통적인 한국인의 성씨는 300개에 못 미친다고 합니다. 그렇다면 중국인의 성씨는 어떨까요? 약 12,000 종류의 성씨가 있다는 것이 중국 정부의 발표이지만, 소수민족을 제외하고 순수한 한족(漢族)만으로 범위를 좁히면 대략 5,500개 정도의 성씨가 있다고 합니다.

그중에는 중국사람 하면 떠오르는 '王 Wáng(왕)', '李 Lǐ(리)', '张 Zhāng(장)', '陈 Chén(천)'과 같이 흔한 성도 있고, 한국에서는 좀처럼 보기 힘든 '司马 Sīmǎ(사마)', '欧阳 Ōuyáng(구양)'과 같은 복성도 있습니다. 특히, '王'씨는 약 9,500만 명, '李'씨는 약 9,300만 명, '张'씨는 약 8,500만 명이나 있고, 여기에 약 7,000만에 달하는 '刘 Liú(류)'씨와 5,700만 명 정도의 '陈'씨까지 합치면, 우리나라의 총인구보다 더 많은 거대 성씨가 다섯 개나 있는 셈이 됩니다. 성씨만으로도 중국의 거대함을 실감할 수 있겠죠?

05

她是哪国人?
Tā shì nǎ guó rén?

그녀는 어느 나라 사람인가요?

 학습내용

- 복운모 'üe', 'üan', 'ün'
- 지시대명사 '这'
- 인칭대명사

- 명사를 세는 단위, 양사
- 의문사 의문문

 단어 🎧 05-01

这 zhè 대 이(것)	位 wèi 양 분 [사람을 높여서 세는 단위]
谁 shéi 대 누구	同学 tóngxué 명 학우, 친구, 동급생
哪 nǎ 대 어느	国 guó 명 나라
人 rén 명 사람	懂 dǒng 동 알다, 이해하다
那 nà 대 그(것), 저(것)	个 ge 양 개, 명 [물건·사람을 세는 단위]
七 qī 수 7, 일곱	十 shí 수 10, 열

고유 명사

韩国 Hánguó 국명 한국	中国 Zhōngguó 국명 중국	日本 Rìběn 국명 일본
美国 Měiguó 국명 미국	汉语 Hànyǔ 중국어	韩语 Hányǔ 한국어
英语 Yīngyǔ 영어		

발음 학습

1 복운모 'üe', 'üan', 'ün'의 발음

 05-02

	üe	'ü'를 조금 약하게 'e'를 상대적으로 강하게 발음한다.
	üan	'ü'와 'n'의 사이에 있는 'a'는 'ian'의 'a'와 마찬가지로 '아'가 아니라 영어의 '[e]'나 우리말의 '에'와 비슷하게 발음해야 한다. 절대로 '아'라고 발음하면 안 된다.
	ün	콧소리를 살짝 섞어서 '윈'과 비슷하게 발음한다. 단, 처음의 동그란 입술 모양을 끝까지 풀지 않고 유지해야 한다.

발음 연습

	ü	üe	üan	ün
j	ju	jue	juan	jun
q	qu	que	quan	qun
x	xu	xue	xuan	xun
-	yu	yue	yuan	yun

잰말놀이 绕口令 ràokǒulìng

■ 앞에서 배운 중국어 발음을 재미있게 연습해 보세요!

一二三四五六七， 1. 2. 3. 4. 5. 6. 7.
Yī èr sān sì wǔ liù qī,

七六五四三二一。 7. 6. 5. 4. 3. 2. 1.
qī liù wǔ sì sān èr yī.

七棵树开七样花， 일곱 그루 나무에는
Qī kē shù kāi qī yàng huā, 일곱 종류의 꽃이 피고.

七棵树结七种果。 일곱 그루 나무에는
qī kē shù jiē qī zhǒng guǒ. 일곱 종류의 열매가 맺힌다.

발음 규칙

1 앞에 성모가 없을 때 'ü'의 표기

첫머리에 성모가 없을 때 'ü'는 'yu'로 표기한다.

ü	→	yu
üe	→	yue

2 성모 'j', 'q', 'x'와 결합하는 'ü'의 표기

'j', 'q', 'x'의 뒤에 'ü'가 올 때는 'ü'의 위에 있는 두 점을 생략하고 'u'로 표기한다.

jü	→	ju
qü	→	qu
xü	→	xu

3 성모 'n', 'l'과 결합하는 'ü'의 표기

'n', 'l'의 뒤에는 운모 'u'와 'ü'가 모두 올 수 있기 때문에 'ü'의 위에 있는 두 점을 생략할 수 없다.

nü	⊗	nu
lü	⊗	lu

李贤秀　　这❶位❸小姐是谁❷❹?
Zhè wèi xiǎojiě shì shéi?

05–05

金多情　　她❷是我同学。
Tā shì wǒ tóngxué.

李贤秀　　她是哪❶❹国人?
Tā shì nǎ guó rén?

金多情　　她是日本人。
Tā shì Rìběnrén.

李贤秀　　她懂韩语吗?
Tā dǒng Hányǔ ma?

金多情　　不懂。
Bù dǒng.

문법 해설

1 지시대명사 '这'

중국어의 지시대명사에는 근칭, 원칭 및 의문의 세 종류가 있다.

① 근칭지시대명사 '这 zhè(이, 이것)'
- 这位先生 zhè wèi xiānsheng 이 분, 이 선생님

② 원칭지시대명사 '那 nà(저, 저것, 그, 그것)'
- 那个人 nà ge rén 그(저) 사람

③ 의문지시대명사 '哪 nǎ(어느)'
- 哪国人 nǎ guó rén 어느 나라 사람

2 인칭대명사

제1인칭	제2인칭	제3인칭	의문대명사
我 wǒ 나	你 nǐ 너 您 nín 당신	他 tā 그 她 tā 그녀	谁 shéi 누구

3 명사를 세는 단위, 양사

사물의 특징, 모양, 속성 등을 나타내는 단위를 '양사'라고 하며, 일반적으로 '지시대명사' → '숫자' → '양사' → '명사'의 순서로 쓰인다.

- **这位先生是谁?** 이 분은 누구세요?
  Zhè wèi xiānsheng shì shéi?

- **这个人是我同学。** 이 사람은 우리 반 친구예요.
  Zhè ge rén shì wǒ tóngxué.

4 의문사 의문문

① 사람을 묻는 의문사 '谁 shéi(누구)'
  - **他是谁?** Tā shì shéi? 그는 누구신가요?

② 사물을 묻는 의문사 '什么 shénme(무엇)'
  - **那是什么?** Nà shì shénme? 그(저)것은 무엇인가요?

③ 여러 가지 선택지 중에 어떤 것인지를 묻는 의문사 '哪 nǎ(어느)'
  - **她是哪国人?** Tā shì nǎ guó rén? 그녀는 어느 나라 사람인가요?

문형 연습

1 是谁? ～은 누구신가요?
…   shì shéi?

🎧 05-06

예 **这位小姐**是谁? 이 여성 분은 누구신가요?
Zhè wèi xiǎojiě shì shéi?

这位先生
Zhè wèi xiānsheng

这个人
Zhè ge rén

那个人
Nà ge rén

2 他是　　　。 그는 ～이에요.
Tā shì　…．

🎧 05-07

예 他是**我同学**。 그는 제 학우예요.
Tā shì wǒ tóngxué.

中国人
Zhōngguórén

美国人
Měiguórén

日本人
Rìběnrén

06 朴先生在吗?
Piáo xiānsheng zài ma?
박 선생님 계세요?

📖 학습내용

- 성모 'zi', 'ci', 'si'
- '喂'의 발음
- 동사 '在'

- 추측의 '吧'
- '啊'의 용법

단어 🎧 06-01

喂 wèi 갑 여보세요	在 zài 통 있다, 계시다
吧 ba 조 어기를 나타내는 조사	啊 a 조 어기를 나타내는 조사
下午 xiàwǔ 명 오후	回 huí 통 돌아오다(가다)
来 lái 통 오다	再见 zàijiàn 안녕, 잘 가
打 dǎ 통 (전화를) 걸다	电话 diànhuà 명 전화
上午 shàngwǔ 명 오전	三 sān 수 3, 셋
四 sì 수 4, 넷	

고유 명사

朴先生 Piáo xiānsheng 박 선생님

발음 학습

1 성모 'zi', 'ci', 'si'의 발음

🎧 06-02

'z', 'c', 's'의 뒤에는 'i'를 붙여서 연습한다.

	zi	입술을 양 귀 쪽으로 잡아당긴 상태에서 혀끝을 아래 윗니의 뒤 쪽에 붙였다가 살짝 떼면서 '쯔'를 세게 발음한다. 이때 숨소리가 새어 나오지 않도록 주의한다.
	ci	'zi'와 발음 방법은 동일하나, 발음할 때 강력한 숨소리를 동반하는 '츠'를 발음한다.
	si	공기가 혀와 이 사이의 틈새를 타고 마찰되면서 빠져 나오는 음으로, '쓰'를 좀 더 힘차게 발음한다.

발음 규칙

'zi', 'ci', 'si'의 'i'는 일반적인 'i'와는 전혀 다른 음으로, 'z', 'c', 's'의 뒤에서만 나는 특수한 소리이기 때문에 절대로 '이'라고 발음하지 않도록 주의해야 한다.

발음 연습

06-03

	-i	ai	ei	ao	ou	an	ang	en	eng	ong
z	zi	zai	zei	zao	zou	zan	zang	zen	zeng	zong
c	ci	cai	-	cao	cou	can	cang	cen	ceng	cong
s	si	sai	-	sao	sou	san	sang	sen	seng	song

잰말놀이 绕口令 ràokǒulìng

06-04

■ 앞에서 배운 중국어 발음을 재미있게 연습해 보세요!

蚕是蚕，蝉是蝉。
Cán shì cán, chán shì chán.

누에는 누에이고,
매미는 매미이다.

蚕不是蝉，蝉不是蚕。
Cán bú shì chán,
chán bú shì cán.

누에는 매미가 아니고,
매미는 누에가 아니다.

常藏叶里的是蚕，不是蝉，
Cháng cáng yè li de
shì cán, bú shì chán,

잎 속에 늘 숨어 있는 것은
누에이지, 매미가 아니다.

常唱歌儿的是蝉，不是蚕。
cháng chàng gēr de
shì chán, bú shì cán.

늘 노래를 부르고 있는 것은
매미이지, 누에가 아니다.

본문 1

06-05

李贤秀　喂**❶**？
Wéi?

林小英　您好！请问，朴先生在**❷**吗？
Nín hǎo! Qǐng wèn, Piáo xiānsheng zài ma?

李贤秀　他不在。您是⋯？
Tā bú zài. Nín shì⋯?

林小英　我是林小英。您是李先生吧**❸**？
Wǒ shì Lín Xiǎoyīng. Nín shì Lǐ xiānsheng ba?

李贤秀　是啊**❹**！他下午回来。
Shì a! Tā xiàwǔ huílai.

林小英　谢谢您。
Xièxie nín.

李贤秀　不谢。再见！
Bú xiè. Zàijiàn!

林小英　再见！
Zàijiàn!

문법 해설

1 '喂'의 발음

중국어 사전에는 '喂'의 발음 표기가 'wèi'라고 되어 있지만, 중국 사람들이 통화상에서 "여보세요?"라는 느낌으로 말할 때는 습관적으로 'wéi'라고 발음한다.

2 동사 '在'

사람이나 사물이 존재하는 장소를 나타낸다.

주어	+	동사	+	목적어 [장소]	
他		在		家。	그는 집에 있어요.
Tā		zài		jiā.	

3 추측의 '吧'

'吧'는 문장의 끝에 쓰여서 '~일 것 같다'라는 추측의 의미를 더해주는 어기조사이다.

- 你是学生吧?　당신은 학생이죠?
  Nǐ shì xuésheng ba?

- 他是中国人吧?　그는 중국인이죠?
  Tā shì Zhōngguórén ba?

4 '啊'의 용법

문장의 끝에 쓰여서 말하는 사람의 판단을 나타내거나 말투에 부드러운 감정이나 가벼운 감탄의 느낌을 덧붙인다. 또한, '啊'의 앞에 오는 한자의 발음이 '-o'로 끝나면 'wa'로, '-i'로 끝나면 'ya'로 발음한다. 다만, 권설음의 뒤에서는 그냥 'a'로 발음한다.

- 好啊!　Hǎo (w)a!　좋아요!
- 对啊!　Duì (y)a!　맞아요!

문형 연습

1　　**在吗?**　～있나요?　　　　　　　　　🎧 06-06
　　… zài ma?

例　**朴先生在吗?**　박 선생님 계세요?
　　Piáo xiānsheng zài ma?

　　　林小姐
　　　Lín xiǎojiě

　　　李先生
　　　Lǐ xiānsheng

　　　金小姐
　　　Jīn xiǎojiě

2　　**您是　　吧?**　당신은 ～이시죠?　　　🎧 06-07
　　Nín shì … ba?

例　**您是李先生吧?**　당신은 이 선생님이시죠?
　　Nín shì Lǐ xiānsheng ba?

　　　林小英
　　　Lín Xiǎoyīng

　　　金多情
　　　Jīn Duōqíng

　　　韩国人
　　　Hánguórén

07

我家有五口人。

Wǒ jiā yǒu wǔ kǒu rén.

우리 집은 다섯 식구예요.

 학습내용

- 운모 'er'
- 동사 '有'
- 의문사 '几'
- 수사 '两'
- 중국의 가족 관계

📝 **단어** 🎧 07-01

有 yǒu 통 있다	几 jǐ 때 몇
口 kǒu 양 식구를 세는 양사	两 liǎng 수 둘
和 hé 접 ~와(과)	也 yě 부 ~도, 역시
爷爷 yéye 명 할아버지	奶奶 nǎinai 명 할머니
没(有) méi(yǒu) 부 없다, 아직 ~하지 않다	兄弟 xiōngdì 명 형제
姐妹 jiěmèi 명 자매	独生女 dúshēngnǚ 명 외동딸
二 èr 수 2	朋友 péngyou 명 친구

발음 학습

	er	입을 반쯤 벌린 상태에서 혀끝은 입천장을 향하게 한 채 '얼'이라고 발음한다. 우리말의 '얼'은 발음 후 혀끝이 바로 펴지지만, 'er'은 발음이 진행될수록 혀끝이 더 굽어진다는 점에 주의해야 한다.

아래 발음을 통해 연습해 보자.

ér   érzi   érkē   értóng   nǚ'ér

잰말놀이 绕口令 ràokǒulìng   🎧 07-03

■ 앞에서 배운 중국어 발음을 재미있게 연습해 보세요!

1. 九月九日，九个酒迷喝醉酒。
   Jiǔ yuè jiǔ rì, jiǔ ge jiǔmí hēzuì jiǔ.

   9월 9일, 아홉 명의 술꾼이 술에 취해버렸네.

2. 粉红墙上画凤凰，
   Fěnhóngqiángshang huà fènghuáng,

   분홍색 벽 위에 봉황새를 그렸더니,

   凤凰画在粉红墙上。
   fènghuáng huàzài fěnhóngqiángshang.

   봉황이 분홍색 벽 위에 그려져 있네.

발음 규칙

1 'er'화 운모

한자로 표기할 때는 '儿'을 뒤에 덧붙인다.

一会儿 yíhuìr   一点儿 yìdiǎnr

2 'er'화 운모의 발음

'er'은 다른 한자의 뒤에서 'er'화 운모를 만드는데, 이때 앞 음절이 '-i', '-n'으로 끝나면 '-i'와 '-n'의 표기는 그대로 두지만 실제 발음할 때는 묵음으로 처리하여 소리내지 않는다. 병음 표기는 앞 음절의 뒤에 'r'을 덧붙이면 된다.

yíhuìr [-i'는 묵음]   yìdiǎnr [-n'은 묵음]

3 격음부호 '

다른 음절의 뒤에 'a', 'o', 'e' 운모로 시작하는 음절이 오면, 두 음절이 서로 별개의 발음이라는 점을 표시하기 위해 격음부호 ' 을 사용한다.

Tiān'ānmén   Xī'ōu

07-05

林小英 贤秀，你家有❶几❸口人？
Xiánxiù, nǐ jiā yǒu jǐ kǒu rén?

李贤秀 我家有五口人。
Wǒ jiā yǒu wǔ kǒu rén.

爸爸、妈妈、两❹个妹妹和我。你家呢？
Bàba、māma、liǎng ge mèimei hé wǒ. Nǐ jiā ne?

林小英 我家也有五口人。
Wǒ jiā yě yǒu wǔ kǒu rén.

爷爷、奶奶、爸爸、妈妈和我。
Yéye、nǎinai、bàba、māma hé wǒ.

李贤秀 你没有❷兄弟姐妹吗？
Nǐ méiyǒu xiōngdì jiěmèi ma?

林小英 没有❷，我是独生女。
Méiyǒu, wǒ shì dúshēngnǚ.

1 동사 '有'

동사 '有'의 주어가 장소인 경우, 목적어 자리에는 그 장소에 존재하는 사물이나 사람이 온다. 이때 목적어가 의미상의 주어가 된다.

주어 [장소]	+	동사	+	목적어 [의미상 주어]	
我家		有		五口人。	저희 집에는 다섯 식구가 있어요.
Wǒ jiā		yǒu		wǔ kǒu rén.	

2 동사 '有'의 부정

동사 '有'는 '没'로 부정한다.

- **我爷爷家没有电话。**　저희 할아버지 댁에는 전화기가 없어요.
  Wǒ yéye jiā méiyǒu diànhuà.

3 의문사 '几'

주로 10 이하의 적은 수량을 물어볼 때는 의문사 '几'를 사용한다.

- **你家有几口人?** 당신 집은 식구가 몇 명 있어요?
  Nǐ jiā yǒu jǐ kǒu rén?

4 수사 '两'

양사의 앞에서 '둘'을 표현해야 할 때는 '两'을 사용한다.

- **两个人** 두 명
  liǎng ge rén

- **两位先生** 두 분
  liǎng wèi xiānsheng

- **两口人** 두 식구
  liǎng kǒu rén

문형 연습

有几口人? ~은 식구가 몇 명 있어요?
… yǒu jǐ kǒu rén?

07-06

예 **你家** 有几口人? 당신 집은 식구가 몇 명 있어요?
Nǐ jiā yǒu jǐ kǒu rén?

金小姐家
Jīn xiǎojiě jiā

林小姐家
Lín xiǎojiě jiā

李贤秀家
Lǐ Xiánxiù jiā

2

你有　　　吗? 당신은 ~이 있나요?
Nǐ yǒu … ma?

07-07

예 **你有 兄弟姐妹** 吗? 당신은 형제자매가 있나요?
Nǐ yǒu xiōngdì jiěmèi ma?

哥哥
gēge

妹妹
mèimei

中国朋友
Zhōngguó péngyou

중국 문화이야기

중국의 가족 관계

　　중국인의 친인척에 대한 호칭은 같은 한자가 반복되고, 두 번째 한자는 경성으로 발음한다는 특징이 있습니다. 이는 '할아버지(爷爷 yéye)', '할머니(奶奶 nǎinai)', '엄마(妈妈 māma)', '아빠(爸爸 bàba)', '오빠, 형(哥哥 gēge)', '언니, 누나(姐姐 jiějie)', '여동생(妹妹 mèimei)', '남동생(弟弟 dìdi)', '삼촌(叔叔 shūshu)', '고모(姑姑 gūgu)' 등을 보면 알 수 있습니다. 물론 우리말과 마찬가지로 '부친(父亲 fùqin)', '모친(母亲 mǔqin)'이라는 말도 있기는 하지만, '아버지'와 '어머니'를 마주하고 직접 호칭할 때는 '爸爸 bàba', '妈妈 māma'를 사용한답니다.

08 复习 1
Fùxí yī
복습 1

학습내용

- 전치사 '在'
- 내용 Check!

단어 08-01

在 zài 전 ~에서 · · · · · · · · · · · 学习 xuéxí 동 공부하다

公司 gōngsī 명 회사 · · · · · · · · · 工作 gōngzuò 명 일 동 일하다

고유 명사

北京 Běijīng 지명 베이징

我叫金多情，是韩国人。我在北京学习汉语。
Wǒ jiào Jīn Duōqíng, shì Hánguórén. Wǒ zài Běijīng xuéxí Hànyǔ.

我家有五口人，爸爸、妈妈、两个弟弟和我。
Wǒ jiā yǒu wǔ kǒu rén, bàba、māma、liǎng ge dìdi hé wǒ.

我有两个朋友，一个叫李贤秀，一个叫林小英。
Wǒ yǒu liǎng ge péngyou, yí ge jiào Lǐ Xiánxiù, yí ge jiào Lín Xiǎoyīng.

李先生是韩国人，他在 公司工作。林小姐
Lǐ xiānsheng shì Hánguórén, tā zài gōngsī gōngzuò. Lín xiǎojiě

是中国人，她学习韩语。她家有五口人，爷爷、
shì Zhōngguórén, tā xuéxí Hányǔ. Tā jiā yǒu wǔ kǒu rén, yéye、

奶奶、爸爸、妈妈和她。她没有兄弟姐妹，她是
nǎinai、bàba、māma hé tā. Tā méiyǒu xiōngdì jiěmèi, tā shì

独生女。
dúshēngnǚ.

■ 전치사 '在'

전치사 '在'는 뒤에 장소를 나타내는 명사가 와서 '~에서'라는 뜻을 나타낸다. 이때, '在 + 장소'의 뒤에는 반드시 다른 동사가 와야 한다.

- 他在家学习。   그는 집에서 공부해요.
  Tā zài jiā xuéxí.

- 我在家喝咖啡。   저는 집에서 커피를 마셔요.
  Wǒ zài jiā hē kāfēi.

내용 Check!

1 多情家有几口人?
Duōqíng jiā yǒu jǐ kǒu rén?

2 多情的两个朋友是谁?
Duōqíng de liǎng ge péngyou shì shéi?

3 李先生是中国人吗?
Lǐ xiānsheng shì Zhōngguórén ma?

4 林小姐学习什么?
Lín xiǎojiě xuéxí shénme?

5 林小姐有兄弟姐妹吗?
Lín xiǎojiě yǒu xiōngdì jiěmèi ma?

09

哈哈，你错了！
Hāhā, nǐ cuò le!
하하, 너 틀렸어!

📖 학습내용

- 일반적인 숫자 읽기
- 요일과 날짜 표현
- 명사술어문
- 구조조사 '的'
- 이중목적어를 취하는 동사

- 복수를 나타내는 접미사 '们'
- '啊'의 변음
- 완료를 나타내는 조사 '了'
- 중국의 생일 문화

단어 🎧 09-01

今天 jīntiān 명 오늘	号 hào 명 일 (=日 rì)
星期 xīngqī 명 요일	星期一 xīngqīyī 명 월요일
星期二 xīngqī'èr 명 화요일	星期三 xīngqīsān 명 수요일
星期四 xīngqīsì 명 목요일	星期五 xīngqīwǔ 명 금요일
星期六 xīngqīliù 명 토요일	星期天(日) xīngqītiān(rì) 명 일요일
明天 míngtiān 명 내일	的 de 조 ~의
生日 shēngrì 명 생일	祝 zhù 동 기원하다
快乐 kuàilè 형 즐겁다	呀 ya 조 어기조사
月 yuè 명 월	们 men 접미 복수접미사
你们 nǐmen 대 너희들	哈哈 hāhā 의성 하하 [웃음소리]
错 cuò 형 틀리다, 잘못하다	了 le 조 완료를 나타내는 조사

09-02

金多情 今天几号**③**?
Jīntiān jǐ hào?

李贤秀 二十四号**①③**。
Èrshísì hào.

金多情 今天星期几**④**?
Jīntiān xīngqī jǐ?

李贤秀 星期三**②**。
Xīngqīsān.

金多情 明天是林小姐的**⑤**生日。
Míngtiān shì Lín xiǎojiě de shēngrì.

金多情　　林小姐，祝**⁶**你生日快乐！　　　　🎧 09-03
　　　　　Lín xiǎojiě, zhù nǐ shēngrì kuàilè!

林小英　　我的生日？
　　　　　Wǒ de shēngrì?

金多情　　对呀**⁸**，今天是八月二十五号。
　　　　　Duì ya, jīntiān shì bā yuè èrshíwǔ hào.

林小英　　谢谢你们**⁷**。我的生日不是八月二十五号，
　　　　　Xièxie nǐmen. Wǒ de shēngrì bú shì bā yuè èrshíwǔ hào,

　　　　　是九月二十五号。
　　　　　shì jiǔ yuè èrshíwǔ hào.

李贤秀　　哈哈，多情，你错了**⁹**！
　　　　　Hāhā, Duōqíng, nǐ cuò le!

문법 해설

1 일반적인 숫자 읽기

- 一 yī 일(1), 二 èr 이(2), 三 sān 삼(3), 四 sì 사(4), 五 wǔ 오(5),

  六 liù 육(6), 七 qī 칠(7), 八 bā 팔(8), 九 jiǔ 구(9), 十 shí 십(10)

- 十一 shíyī 십일(11), 十二 shí'èr 십이(12), 十三 shísān 십삼(13), …, 二十 èrshí 이십(20)

- 百 bǎi 백, 千 qiān 천, 万 wàn 만, 亿 yì 억

2 요일 표현

월요일	화요일	수요일	목요일	금요일	토요일	일요일	무슨 요일
星期一	星期二	星期三	星期四	星期五	星期六	星期天	星期几
xīngqīyī	xīngqī'èr	xīngqīsān	xīngqīsì	xīngqīwǔ	xīngqīliù	xīngqītiān	xīngqījǐ

3 날짜 표현

① 몇 월 며칠: 几月几号 jǐ yuè jǐ hào

② 월:

一月 yī yuè	二月 èr yuè	三月 sān yuè	四月 sì yuè
五月 wǔ yuè	六月 liù yuè	七月 qī yuè	八月 bā yuè
九月 jiǔ yuè	十月 shí yuè	十一月 shíyī yuè	十二月 shí'èr yuè

4 명사술어문

서술어가 명사인 문장을 '명사술어문'이라고 한다. 명사술어문의 서술어 자리에 오는 명사는 대부분 날짜, 시각, 요일 등 숫자와 관련된 단어여야 한다.

◎ 평서문

주어	+	술어 [명사]	
今天		星期五。	오늘은 금요일이에요.
Jīntiān		xīngqīwǔ.	

◎ 의문문

- 今天星期几? 　오늘은 무슨 요일인가요?
  Jīntiān xīngqījǐ?

◎ 부정문

명사술어문을 부정하고 싶다면 동사 '是'의 도움을 받아서 '不是'의 형태로 사용한다.

- 今天不是星期四。 　오늘은 목요일이 아니에요.
  Jīntiān bú shì xīngqīsì.

문법 해설

5 구조조사 '的'

구조조사 '的'의 앞에 소유자, 뒤에 소유물이 있을 경우 우리말의 '~의'를 나타낸다.

- 爸爸的生日 bàba de shēngrì 아버지의 생신
- 北京的学校 Běijīng de xuéxiào 베이징의 학교

가족, 소속 단체, 국가 등에 대해서는 일반적으로 '的'를 쓰지 않는다.

- 她是我妹妹。 그녀는 나의 여동생이에요.
  Tā shì wǒ mèimei.

6 이중목적어를 취하는 동사

중국어의 일부 동사는 목적어(간접목적어와 직접목적어)를 두 개 가질 수 있다.

동사	+	목적어1	+	목적어2	
祝		你		生日快乐!	생일 축하해요!
Zhù		nǐ		shēngrì kuàilè!	

7 복수를 나타내는 접미사 '们'

사람을 뜻하는 명사 혹은 대명사는 뒤에 접미사 '们'을 붙여서 복수를 나타낼 수 있다.

- 我们 wǒmen 우리
- 学生们 xuéshengmen 학생들

8 '啊'의 변음

어기조사 '啊'의 앞의 한자가 '-i'음으로 끝날 경우, 발음의 편의를 위하여 '啊'는 'ya'로 발음한다. 이때, '啊'는 '呀'로 바꾸어 표기할 수도 있다.

- 谁呀(啊)?　누구야?
  Shéi ya?

9 완료를 나타내는 조사 '了'

조사 '了'는 동사의 뒤에서 동작의 완료를 나타낸다. 본문2의 '你错了!'에서 '错'는 형용사이지만, 앞에 다른 동사('说' 혹은 '想')가 생략되어 있다.

- 我喝了一杯咖啡。　저는 커피 한 잔 마셨어요.
  Wǒ hē le yì bēi kāfēi.

문형 연습

1 今天 ___, ___。 오늘은 ~이고, ~이에요. 🎧 09-04
Jīntiān …, ….

예 今天 九月十号， 星期三。 오늘은 9월 10일, 수요일이에요.
Jīntiān jiǔ yuè shí hào, xīngqīsān.

三月八号
sān yuè bā hào

五月十一号
wǔ yuè shíyī hào

星期二
xīngqī'èr

星期天
xīngqītiān

10일
9月 수

2 今天不是 ___, 是 ___。 🎧 09-05
Jīntiān bú shì …, shì ….
오늘은 ~이 아니라 ~이에요.

예 今天不是 星期三， 是 星期四。 오늘은 수요일이 아니라 목요일이에요.
Jīntiān bú shì xīngqīsān, shì xīngqīsì.

五号
wǔ hào

我的生日
wǒ de shēngrì

六号
liù hào

我朋友的生日
wǒ péngyou de shēngrì

3 明天是 _____ 。 내일은 ～이에요.
Míngtiān shì ….

🔊 09-06

明天是小英的生日。 내일은 샤오잉의 생일이에요.
Míngtiān shì Xiǎoyīng de shēngrì.

八月二十五号
bā yuè èrshíwǔ hào

妈妈的生日
māma de shēngrì

중국의 생일 문화

우리나라에서는 생일에 미역국을 끓여 먹는 문화가 있는 반면에 중국에서는 생일날 '长寿面 chángshòumiàn(장수면)'이라는 생일 축하 국수를 먹습니다. '장수면'은 생일을 맞이한 사람의 무병장수를 기원하는 음식으로, 국수의 길이가 주인공의 남은 수명을 상징하기 때문에 절대로 중간에 끊어가며 먹어서는 안 됩니다. 또한, 오래오래 '장수'라는 기원의 의미를 담아서 여러 가닥의 면이 아니라 매우 기다란 단 한 가닥의 면만을 그릇에 넣어서 생일 축하용 장수면(一根面 yìgēnmiàn)을 만들기도 합니다. 이런 장수면은 먹기 힘들더라도 끝까지 이로 끊지 않도록 조심해야 합니다.

한여름 시원한 냉면을 주문하면 가위로 싹둑싹둑 잘라주는 우리나라에서는 너무도 당연한 서비스 역시 중국사람 입장에서는 불길한 행위로 느껴질 수 있습니다. 한국 냉면을 대접하려다가 오히려 중국 친구의 기분을 상하게 할 수도 있으므로, 냉면집에 중국인과 함께 갈 일이 있다면 주의해야 하겠죠!

10 你的电话号码是多少?

Nǐ de diànhuà hàomǎ shì duōshao?

네 전화번호는 몇 번이야?

 **학습내용**

- 전화번호, 방 번호 등의 숫자 읽기
- 숫자를 묻는 의문사
- 숫자 이야기

 단어 🎧 10-01

号码 hàomǎ 명 번호	多少 duōshao 대 얼마
零 líng 수 영, 0	手机 shǒujī 명 휴대전화
要 yào 통 원하다, 필요하다	房间 fángjiān 명 방
出示 chūshì 통 제시하다	证件 zhèngjiàn 명 증명서
护照 hùzhào 명 여권	身份证 shēnfènzhèng 명 신분증
男 nán 명 남자	男朋友 nán péngyou 명 남자친구
女 nǚ 명 여자	女朋友 nǚ péngyou 명 여자친구

李贤秀   林小姐，你的电话号码是多少[2]?   🎧 10-02

Lín xiǎojiě, nǐ de diànhuà hàomǎ shì duōshao?

林小英   82305066[1]。

Bā èr sān líng wǔ líng liù liù.

李贤秀   你有手机吗?

Nǐ yǒu shǒujī ma?

林小英   有。我的手机号码是136-0128-5669。

Yǒu. Wǒ de shǒujī hàomǎ shì yāo sān liù líng yāo èr bā wǔ liù liù jiǔ.

服务员   您好! 你们要几个房间?
Nín hǎo! Nǐmen yào jǐ ge fángjiān?   🎧 10-03

李贤秀   三个。
Sān ge.

服务员   请出示你们的证件。
Qǐng chūshì nǐmen de zhèngjiàn.

李贤秀   这是我的护照。
Zhè shì wǒ de hùzhào.

服务员   护照号码是多少❷?
Hùzhào hàomǎ shì duōshao?

李贤秀   JR1502818。
JR yāo wǔ líng èr bā yāo bā.

金多情   我的护照号码是JR1516970。
Wǒ de hùzhào hàomǎ shì JR yāo wǔ yāo liù jiǔ qī líng.

服务员   谢谢，你们的房间号码是1011、1012、1013。
Xièxie, nǐmen de fángjiān hàomǎ shì yāo líng yāo yāo、yāo
líng yāo èr、yāo líng yāo sān.

1 전화번호, 방 번호 등의 숫자 읽기

전화번호, 방 번호, 주소, 신분증 등의 숫자는 하나하나씩 끊어 읽는다. 특히 숫자 '1'은 '7'과의 혼란을 피하기 위해 특별히 'yāo'로 발음한다.

- 일반 전화: 0232148679 líng èr sān èr yāo sì bā liù qī jiǔ
- 휴대전화: 13619547288 yāo sān liù yāo jiǔ wǔ sì qī èr bā bā
- 방 번호: 1301号 yāo sān líng yāo hào

2 숫자를 묻는 의문사

일반적인 숫자를 물을 때는 '多少'를 사용한다. '多少'의 뒤에 다른 명사가 올 경우에는 중간에 양사를 사용할 수도 있고, 사용하지 않을 수도 있다.

- 你的电话号码是多少?   당신의 전화번호는 몇 번인가요?
  Nǐ de diànhuà hàomǎ shì duōshao?

- 他的房间号码是多少?   그의 방 호수는 몇 호인가요?
  Tā de fángjiān hàomǎ shì duōshao?

- 你有多少(个)朋友?   당신은 친구가 몇 명 있나요?
  Nǐ yǒu duōshao (ge) péngyou?

요일이나 날짜처럼 범위가 정해진 숫자, 10이하의 비교적 적은 숫자를 물어볼 때는 '几'를 사용한다.

- 你家有几口人?   당신은 식구가 몇 명 있나요?
  Nǐ jiā yǒu jǐ kǒu rén?

- 今天几月几号?   오늘이 몇 월 며칠이죠?
  Jīntiān jǐ yuè jǐ hào?

- 今天星期几?   오늘은 무슨 요일인가요?
  Jīntiān xīngqījǐ?

문형 연습

---

1 你的 ··· 号码是多少? 당신의 ~ 번호는 몇 번인가요? 🎧 10-04

Nǐ de ··· hàomǎ shì duōshao?

예 你的 电话 号码是多少? 당신의 전화번호는 몇 번인가요?

Nǐ de diànhuà hàomǎ shì duōshao?

手机
shǒujī

护照
hùzhào

身份证
shēnfènzhèng

---

2 我没有 ···。 저는 ~이 없어요. 🎧 10-05

Wǒ méiyǒu ···.

예 我没有 手机。 저는 휴대전화가 없어요.

Wǒ méiyǒu shǒujī.

身份证
shēnfènzhèng

男朋友
nán péngyou

女朋友
nǚ péngyou

숫자 이야기

　운동선수들 중에는 팀을 옮겨도 자신에게 의미 있는 등 번호만을 고집하는 선수들이 있습니다. 우리 주변에서도 자신이 좋아하는 숫자에 유독 집착하는 사람을 종종 볼 수 있습니다.

　중국에서도 전통적으로 선호하는 세 가지 숫자가 있는데, '六 liù(6, 여섯)', '八 bā(8, 여덟)', '九 jiǔ(9, 아홉)'가 바로 그것입니다. '六 liù'는 '流 liú(순조롭다)'와 성조만 다르고 발음이 같으며, '九 jiǔ'는 '久 jiǔ(장수하다)'와 발음이 같기 때문입니다. 또한, '八 bā'는 '发财 fācái(돈을 벌다)'의 '发 fā'와 같은 발음이었던 시기가 있었기 때문에 거의 모든 중국인이 사랑하는 숫자입니다.

　휴대전화나 자동차를 구입할 때는, 특히 '6666', '9999', '8888'과 같이 길한 숫자가 반복되는 패턴의 번호를 사용하고 싶어 하는 중국인이 많습니다. 때문에 이러한 황금 번호는 공평을 기하기 위해 경매를 통해 거액에 판매됩니다.

11 今天星期天!
Jīntiān xīngqītiān!
오늘은 일요일이야!

📖 **학습내용**

- 시각 표현
- '我们'과 '咱们'의 구분
- 어기조사 '吧'
- 명사술어문과 변화의 발생을 나타내는 '了'
- 백성에게 시각을 알리는 전통

 단어 🎧 11-01

现在 xiànzài 몡 지금	点 diǎn 몡 시 [시간 단위]
分 fēn 몡 분 [시간 단위]	上课 shàng kè 통 수업하다
咱们 zánmen 때 우리	走 zǒu 통 가다, 걷다
差 chà 통 차이가 나다, 부족하다	刻 kè 몡 15분
起床 qǐ chuáng 통 일어나다	半 bàn 수 반, 절반
糟糕 zāogāo 혱 큰일났다	迟到 chídào 통 지각하다
我们 wǒmen 때 우리	下课 xià kè 통 수업을 마치다
吧 ba 조 가벼운 명령, 재촉, 청유 등의 뜻을 표현하는 어기조사	

李贤秀　　**多情，现在几点?**
Duōqíng, xiànzài jǐ diǎn?

金多情　　**七点十分❶。**
Qī diǎn shí fēn.

李贤秀　　**几点上课?**
Jǐ diǎn shàng kè?

金多情　　**八点。**
Bā diǎn.

李贤秀　　**咱们❷几点走?**
Zánmen jǐ diǎn zǒu?

金多情　　**差一刻八点。**
Chà yí kè bā diǎn.

金多情　起床吧❸！
　　　　Qǐ chuáng ba!

🎧 11-03

李贤秀　几点了❹？
　　　　Jǐ diǎn le?

金多情　八点半。
　　　　Bā diǎn bàn.

李贤秀　糟糕！上课迟到了。
　　　　Zāogāo! Shàng kè chídào le.

金多情　今天星期天！
　　　　Jīntiān xīngqītiān!

문법 해설

1 시각 표현

- 시: 点 diǎn
- 분: 分 fēn
- 몇 시 몇 분: 几点几分 jǐ diǎn jǐ fēn

◉ 1시부터 12시까지의 표현

一点 yī diǎn	两点 liǎng diǎn	三点 sān diǎn	四点 sì diǎn	五点 wǔ diǎn	六点 liù diǎn
七点 qī diǎn	八点 bā diǎn	九点 jiǔ diǎn	十点 shí diǎn	十一点 shíyī diǎn	十二点 shí'èr diǎn

◉ 다양한 시각 표현

两点十分
liǎng diǎn shí fēn
2시 10분

三点半
sān diǎn bàn
3시 반

四点一刻
sì diǎn yíkè
4시 15분

差五分六点
chà wǔ fēn liù diǎn
6시 5분 전

2 '我们'과 '咱们'의 구분

내가 속한 그룹의 멤버를 '我们', 상대방이 속한 그룹을 '你们'이라고 한다면, 이 두 그룹을 모두 포함시켜서 '咱们'이라고 한다.

- **我们几点走?** 우리 몇 시에 가요? [화자를 포함, 대부분 청자는 포함하지 않음]
  Wǒmen jǐ diǎn zǒu?

- **咱们几点走?** 우리 몇 시에 가요? [화자와 청자를 모두 포함]
  Zánmen jǐ diǎn zǒu?

3 어기조사 '吧'

어기조사 '吧'는 문장의 끝에 쓰여서 가벼운 명령, 재촉, 청유 등의 뜻을 나타낸다.

- **起床吧!** 일어나!
  Qǐ chuáng ba!

- **咱们走吧!** 우리 가자!
  Zánmen zǒu ba!

4 명사술어문과 변화의 발생을 나타내는 '了'

미변화	변화의 발생

- 现在几点? 지금 몇 시예요? → 现在几点了? 지금 몇 시나 되었어요?
  Xiànzài jǐ diǎn? Xiànzài jǐ diǎn le?

- 五月六号。 5월 6일이요. → 五月六号了。 5월 6일이 되었어요.
  Wǔ yuè liù hào. Wǔ yuè liù hào le.

문형 연습

---

1 现在　　　　。　지금은 ~이에요.
Xiànzài ….

🎧 11-04

예 **现在**六点一刻。　지금은 6시 15분이에요.
Xiànzài liù diǎn yíkè.

十二点十分
shí'èr diǎn shí fēn

两点
liǎng diǎn

差三分十点
chà sān fēn shí diǎn

---

2 几点　　？　몇 시에 ~하나요?
Jǐ diǎn …?

🎧 11-05

예 **几点**上课？　몇 시에 수업하나요?
Jǐ diǎn shàng kè?

打电话
dǎ diànhuà

起床
qǐ chuáng

喝咖啡
hē kāfēi

백성에게 시각을 알리는 전통

　서울의 광화문에서 종로 방향으로 걸어가다 보면 오른쪽으로 종각이 그 모습을 드러냅니다. 조선시대 백성들에게 시각을 알려주던 종각은 이미 그 소임을 다했지만, 새해를 맞이하는 타종 행사 등에서는 여전히 예전의 위용을 자랑하고 있습니다.

　중국 베이징에도 우리나라의 종각과 같은 역할을 했던 '钟楼 zhōnglóu(종루)'가 있습니다. 원나라 때 처음 만들어졌지만, 중간에 화재와 전쟁으로 몇 차례 소실된 적도 있다고 합니다. 지금의 '종루'는 청나라 건륭제 때 중건된 건물입니다. 그런데 이 종루에서 남쪽을 바라보면 얼마 떨어지지 않은 곳에 '鼓楼 gǔlóu(고루)'라는 누각이 자리 잡고 있습니다. 종루가 종을 쳐서 시각을 알려주었다면, 고루는 북소리로 같은 역할을 했던 것입니다. 해질녘과 해뜰녘에는 북을 먼저 치고 그 북소리를 들은 종루지기가 이어서 종을 쳐서 하루의 시작과 끝을 알렸습니다. 저녁에는 북소리와 종소리를 신호로 성문을 닫고 통행금지를 실시했다는 청나라 때의 기록이 남아 있습니다.

12

教学楼在哪儿?

Jiàoxué lóu zài nǎr?

강의동은 어디인가요?

📖 **학습내용**

- 의문사 '怎么'
- 의문사 '哪儿'과 장소대명사
- 전치사 '往'
- 방위사 '前边'
- 부사 '就'

✏️ **단어** 🎧 12-01

教学 jiàoxué 몡 교학, 강의	楼 lóu 몡 건물, 층
哪儿 nǎr 때 어디	前(边) qián(bian) 몡 앞(쪽)
怎么 zěnme 때 어떻게	往 wǎng 젠 ~을 향하여
到 dào 됭 도착하다	十字路口 shízì lùkǒu 몡 사거리
左 zuǒ 몡 왼쪽	拐 guǎi 됭 꺾다
远 yuǎn 혱 멀다	座 zuò 몡 둉 [건물·산 등을 세는 단위]
就 jiù 뮈 곧, 바로	这儿 zhèr 때 이곳
那儿 nàr 때 그곳, 저곳	

李贤秀　请问，教学楼在哪儿[2]？
Qǐng wèn, jiàoxué lóu zài nǎr?

🎧 12-02

中国人A　在前边[4]。
Zài qiánbian.

李贤秀　怎么[1]走？
Zěnme zǒu?

中国人A　往[3]前走，到十字路口往左拐。
Wǎng qián zǒu, dào shízì lùkǒu wǎng zuǒ guǎi.

李贤秀　远吗？
Yuǎn ma?

中国人A　不远。
Bù yuǎn.

李贤秀　请问，哪座楼是教学楼？　12-03
　　　　Qǐng wèn, nǎ zuò lóu shì jiàoxué lóu?

中国人B　那座楼就⁵是。
　　　　Nà zuò lóu jiù shì.

李贤秀　谢谢！
　　　　Xièxie!

中国人B　不谢！
　　　　Bú xiè!

문법 해설

1 의문사 '怎么'

동사의 앞에 쓰여서 수단이나 방법을 묻는다.

- 怎么走? 어떻게 가요?
  Zěnme zǒu?

- 怎么喝? 어떻게 마셔요?
  Zěnme hē?

2 의문사 '哪儿'과 장소대명사

'哪儿'은 '어디'라는 뜻으로 장소를 묻는 의문문을 만든다.

- 你在哪儿? 당신은 어디에 있나요?
  Nǐ zài nǎr?

지시대명사의 뒤에 '儿'을 덧붙이면 장소대명사가 된다.

- 근칭: 这儿 zhèr 이곳   원칭: 那儿 nàr 그곳, 저곳   의문: 哪儿 nǎr 어느 곳

- 我家在这儿。 저희 집은 여기예요.
  Wǒ jiā zài zhèr.

3 전치사 '往'

뒤에 방위나 장소를 뜻하는 단어를 붙여 동사의 동작이 향하는 방향을 나타낸다.

- 往前走。 앞으로 가세요.
  Wǎng qián zǒu.

- 往左拐。 왼쪽으로 꺾으세요.
  Wǎng zuǒ guǎi.

4 방위사 '前边'

방위를 나타내는 단어의 뒤에 접미사 '边'을 덧붙이면, '그 쪽'이라는 뜻의 방위사를 만들 수 있다.

前 qián 앞	后 hòu 뒤	左 zuǒ 좌	右 yòu 우	上 shàng 상	下 xià 하
前边 qiánbian 앞쪽	后边 hòubian 뒤쪽	左边 zuǒbian 왼쪽	右边 yòubian 오른쪽	上边 shàngbian 위쪽	下边 xiàbian 아래쪽

5 부사 '就'

동사 앞에 부사 '就'를 붙이면 강한 긍정의 의미를 나타낸다.

- 那座楼就是教学楼。　저 건물이 바로 강의동이에요.
  Nà zuò lóu jiù shì jiàoxué lóu.

- 我家就在这儿。　저희 집은 바로 여기예요.
  Wǒ jiā jiù zài zhèr.

문형 연습

🎧 12-04

1 在哪儿? ~은 어디인가요? (어디있나요?)
… zài nǎr?

예 **教学楼**在哪儿? 강의동은 어디인가요?
Jiàoxué lóu zài nǎr?

李贤秀
Lǐ Xiánxiù

护照
Hùzhào

身份证
Shēnfènzhèng

🎧 12-05

2 到   往左拐。 ~에서 왼쪽으로 꺾으세요.
Dào … wǎng zuǒ guǎi.

예 **到**十字路口**往左拐。** 사거리에서 왼쪽으로 꺾으세요.
Dào shízì lùkǒu wǎng zuǒ guǎi.

前边
qiánbian

那座楼
nà zuò lóu

教学楼
jiàoxué lóu

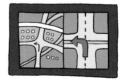

13 你下午有没有课?

Nǐ xiàwǔ yǒu méiyǒu kè?

당신은 오후에 수업이 있나요?

📖 학습내용

- '从···到···' 구문
- 정반의문문
- 동등비교문
- 강조구문 '太···了'
- '老师'는 나이든 선생님?

 ### 단어 🎧 13-01

每天 měitiān 명 매일	节 jié 양 수업의 시수를 세는 단위
课 kè 명 수업	从···到··· cóng···dào··· ~부터 ~까지
口语 kǒuyǔ 명 말하기, 구어	跟···一样 gēn···yíyàng ~와 같다
去 qù 통 가다	班 bān 명 반
学生 xuésheng 명 학생	老师 lǎoshī 명 선생님
太···了 tài···le 너무 ~하다	巧 qiǎo 형 공교롭다
周一(二、三···日) zhōuyī(èr、sān···rì) 명 월(화, 수~일)요일	

고유 명사

王平 Wáng Píng 인명 왕핑	上海 Shànghǎi 지명 상하이

林小英 你每天有几节课？
Nǐ měitiān yǒu jǐ jié kè?

13-02

李贤秀 从周一到[1]周五，我每天上午有四节课。
Cóng zhōuyī dào zhōuwǔ, wǒ měitiān shàngwǔ yǒu sì jié kè.

林小英 下午呢？下午有没有[2]课？
Xiàwǔ ne? Xiàwǔ yǒu méiyǒu kè?

李贤秀 周二下午有两节口语课。你呢？
Zhōu'èr xiàwǔ yǒu liǎng jié kǒuyǔ kè. Nǐ ne?

林小英 我跟你一样[3]。
Wǒ gēn nǐ yíyàng.

李贤秀 现在你去哪儿？
Xiànzài nǐ qù nǎr?

林小英 回家。
Huí jiā.

金多情 你们班有多少学生？   🎧 13-03
Nǐmen bān yǒu duōshao xuésheng?

李贤秀 二十二个。
Èrshí'èr ge.

金多情 有几位中国老师？
Yǒu jǐ wèi Zhōngguó lǎoshī?

李贤秀 三位。
Sān wèi.

金多情 你们班的口语老师是谁？
Nǐmen bān de kǒuyǔ lǎoshī shì shéi?

李贤秀 王平老师。
Wáng Píng lǎoshī.

金多情 太巧了[4]！王老师也是我们班的口语老师。
Tài qiǎo le! Wáng lǎoshī yě shì wǒmen bān de kǒuyǔ lǎoshī.

문법 해설

1 '从…到…' 구문

시간의 시작 시점과 완료 시점, 장소의 출발점과 도착점을 모두 나타낼 수 있다.

◉ 시간

- 从十点到十一点　10시부터 11시까지
  cóng shí diǎn dào shíyī diǎn

◉ 장소

- 从我家到学校　우리 집에서 학교까지
  cóng wǒ jiā dào xuéxiào

2 정반의문문

형용사 혹은 동사의 긍정형과 부정형을 함께 나열하면 정반의문문을 만들 수 있다.

◉ 형용사를 이용한 정반의문문

- 你家远不远?　당신 집은 멀어요?
  Nǐ jiā yuǎn bu yuǎn?

◉ 동사를 이용한 정반의문문

- 王老师是不是中国老师?　왕 선생님은 중국인 선생님이세요?
  Wáng lǎoshī shì bu shì Zhōngguó lǎoshī?

3 동등비교문

'跟'을 중심으로 두 가지 사항이 서로 동일함을 나타내는 동등비교문을 만든다.

비교 대상A   +   跟   +   비교 대상B   +   一样

我的生日   跟   妹妹的生日   一样。

Wǒ de shēngrì   gēn   mèimei de shēngrì   yíyàng.

제 생일은 여동생 생일과 같아요.

'一样'의 뒤에 어떻게 동등한지를 설명하는 형용사 혹은 동사를 사용할 수도 있다.

- 我的房间跟哥哥的房间一样大。
  Wǒ de fángjiān gēn gēge de fángjiān yíyàng dà.
  제 방은 형(오빠)의 방과 마찬가지로 커요.

4 강조구문 '太…了'

'太'와 '了' 사이에 강조하고 싶은 내용을 넣어서 감탄의 느낌을 표현한다.

- 太好了!   너무 좋아요!
  Tài hǎo le!

- 太忙了!   너무 바쁘네요!
  Tài máng le!

1 从　到　，我　　。

Cóng … dào …, wǒ ….

~부터 ~까지 저는 ~합니다.

🎧 13-04

예 从 周一 到 周五 ， 我 每天上午有四节课 。

Cóng zhōuyī dào zhōuwǔ, wǒ měitiān shàngwǔ yǒu sì jié kè.

월요일부터 금요일까지 저는 매일 오전에 4시수의 수업이 있어요.

8:00	12:00	上课
bā diǎn	shí'èr diǎn	shàng kè
5月7号	11号	去上海
wǔ yuè qī hào	shíyī hào	qù Shànghǎi

2 有没有　？ ~은 ~이 있나요?

… yǒu méiyǒu …?

🎧 13-05

예 你 有没有课 ？ 당신은 수업이 있나요?

Nǐ yǒu méiyǒu kè?

你们班	美国人
Nǐmen bān	Měiguórén
小英	手机
Xiǎoyīng	shǒujī

3 跟　一样，　　　。 ～은 ～처럼 ～해요. 🎧 13-06
　… gēn … yíyàng, ….

CH 我 跟 你 一样，每天上午有四节课 。
Wǒ gēn nǐ yíyàng, měitiān shàngwǔ yǒu sì jié kè.
저도 당신처럼 매일 오전에 4시수의 수업이 있어요.

她的生日 Tā de shēngrì	我的生日 wǒ de shēngrì	也是八月十四号 yě shì bā yuè shísì hào
我们班 Wǒmen bān	你们班 nǐmen bān	也有二十二个人 yě yǒu èrshí'èr ge rén
她 Tā	你 nǐ	也去教学楼 yě qù jiàoxué lóu
李贤秀 Lǐ Xiánxiù	金多情 Jīn Duōqíng	有王老师的课 yǒu Wáng lǎoshī de kè

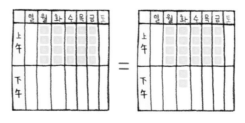

'老师 lǎoshī'는 나이든 선생님?

'老师 lǎoshī'는 얼핏 보면 '老 lǎo'자를 포함하고 있기 때문에 나이든 선생님에 대해서만 사용해야 하는 줄 착각하기 쉽습니다. 그렇지만 중국 학생들이 젊은 선생님에게도 '老师 lǎoshī'라고 부르는 걸 보면 알 수 있듯이, 나이와는 전혀 상관이 없습니다. '老师 lǎoshī'의 '老 lǎo'가 '나이가 들다'라는 뜻의 형용사가 아니라 단순히 '존칭'의 의미를 나타내는 접두사의 역할을 하고 있기 때문입니다. 결국 '老 lǎo'는 '선생님(师)'이라는 한 글자 단어를 2음절로 만들어 알아듣기 쉽게 해주면서 '존칭'의 의미를 더해주는 두 가지 역할을 담당하고 있는 셈입니다. 남편을 '老公 lǎogōng', 부인을 '老婆 lǎopo'라고 하는 것도 같은 이치라고 할 수 있겠죠!

14

我正在做作业呢。
Wǒ zhèngzài zuò zuòyè ne.

나는 지금 숙제하고 있어.

 학습내용

- 진행형
- 동사의 중첩
- 조동사 '想'
- 장소를 묻는 조사 '呢'

단어 🎧 14-01

正在 zhèngzài 🖐 ~하고 있다	在 zài 🖐 ~하고 있다
做 zuò 통 ~하다, 만들다	呢 ne 조 동작의 진행을 나타내는 어기조사
作业 zuòyè 명 숙제	休息 xiūxi 통 쉬다, 휴식하다
想 xiǎng 통 생각하다 조동 ~하고 싶다	看 kàn 통 보다
电影 diànyǐng 명 영화	时候 shíhou 명 때, 시간
等 děng 통 기다리다	宿舍 sùshè 명 기숙사

고유 명사

马林 Mǎ Lín 인명 마린

14-02

金多情　贤秀，你在做什么呢❶？
Xiánxiù, nǐ zài zuò shénme ne?

李贤秀　我正在做作业呢❶。
Wǒ zhèngzài zuò zuòyè ne.

金多情　休息休息❷吧。你想❸看电影吗？
Xiūxi xiūxi ba. Nǐ xiǎng kàn diànyǐng ma?

林小姐也去。
Lín xiǎojiě yě qù.

李贤秀　什么时候？
Shénme shíhou?

金多情　下午三点。
Xiàwǔ sān diǎn.

李贤秀　好吧。
Hǎo ba.

马　林　**多情、贤秀，你们在等谁呢❶？**
　　　　Duōqíng、Xiánxiù, nǐmen zài děng shéi ne?   🎧 14-03

李贤秀　**我们在❶等林小英。**
　　　　Wǒmen zài děng Lín Xiǎoyīng.

马　林　**她呢❹？**
　　　　Tā ne?

金多情　**她在宿舍呢❶。**
　　　　Tā zài sùshè ne.

马　林　**你们看，她来了。**
　　　　Nǐmen kàn, tā lái le.

문법 해설

1 진행형

중국어의 진행형은 동사의 앞에 '正'과 '在', 동사의 뒤에 '着', 문장의 끝에 '呢'를 사용하여 표현하는데, 이 네 가지 중 적어도 한 가지 성분만 있으면 진행형을 나타낼 수 있다. 특히 동사의 동작성이 강할 때는 '正', '在'와 '呢'를 함께 사용하는 경향이 있고, 동작성이 그다지 느껴지지 않을 때에는 다른 성분과 '着'를 함께 사용하는 경향이 있다. 예를 들어 '저는 숙제를 하고 있어요.'를 아래와 같이 다양하게 표현할 수 있다.

> **진행형**　주어 + 正 + 在 + 동사 + 着 + (목적어) + 呢

- 我正在做着作业呢。
  Wǒ zhèngzài zuòzhe zuòyè ne.

- 我正在做作业呢。
  Wǒ zhèngzài zuò zuòyè ne.

- 我在做作业呢。
  Wǒ zài zuò zuòyè ne.

- 我在做作业。
  Wǒ zài zuò zuòyè.

- 我做作业呢。
  Wǒ zuò zuòyè ne.

진행형은 '没'를 사용하여 부정한다.

- 我没在做作业，在看电影呢。　　저는 숙제를 하지 않고, 영화를 보고 있어요.
  Wǒ méi zài zuò zuòyè, zài kàn diànyǐng ne.

2 동사의 중첩

동사를 중첩하면 그 동사의 동작 시간이 '짧다', 동사의 동작을 '한번 시도해 보다' 등의 의미를 나타낸다. 한 글자 동사를 'A', 두 글자 동사를 'AB'라고 한다면, 중첩 형태는 'AA' 혹은 'ABAB' 형태로 나타낼 수 있다.

- 喝喝**咖啡**　커피를 좀 마시다
  hēhe kāfēi

- 看看**电影**　영화를 한번 보다
  kànkan diànyǐng

- 休息休息　좀 쉬다
  xiūxi xiūxi

'AA'형 중첩에서는 두 번째를 경성으로 발음하고, 'ABAB'형 중첩에서는 첫 번째 'A'를 제일 강하게, 두 번째 'A'를 조금 약하게 발음하며 'B'는 둘 다 가볍게 발음한다.

- 走走　좀 걷다
  zǒuzou

- 学习学习　공부를 좀 하다
  xuéxi xuéxi

'AA'형 중첩은 중첩된 동사의 중간에 '一'가 들어가도 같은 의미가 된다. 이때 '一'는 가볍게 읽는다.

- 看看。　좀 봐요.
  Kànkan.

- 看一看。　한번 봐요.
  Kàn yi kan.

문법 해설

3 조동사 '想'

'想'은 원래 '~을 생각하다', '~을 그리워하다'는 뜻의 동사이지만, 뒤에 다른 동사가 오면, 그 동사의 동작을 '~하고 싶다'는 뜻을 나타내는 조동사가 된다.

○ 동사

주어	+	동사	+	목적어	
他 Tā		想 xiǎng		家。 jiā.	그는 집을 그리워해요.
你 Nǐ		想 xiǎng		什么? shénme?	당신은 무엇을 생각하나요?

○ 조동사

주어	+	조동사	+	동사	+	목적어	
我 Wǒ		想 xiǎng		看 kàn		电影。 diànyǐng.	저는 영화를 보고 싶어요.
我 Wǒ		想 xiǎng		去 qù		你家。 nǐ jiā.	저는 당신 집에 가고 싶어요.

4 장소를 묻는 조사 '呢'

'呢'는 같은 질문을 다시 다른 사람에게 되물을 때 반복되는 부분을 생략하는 형태의 의문문을 만드는 조사이다. 그러나 앞에 전제가 되는 다른 질문이 없을 때는 주어의 장소를 묻는 의문문이 된다.

◉ 질문의 전제가 있을 때

- A **你有爷爷吗?**   당신은 할아버지가 계신가요?
   Nǐ yǒu yéye ma?

   B **有。你呢?**   계세요. 당신은요?
   Yǒu. Nǐ ne?

   A **我也有。**   저도 계세요.
   Wǒ yě yǒu.

◉ 질문의 전제가 없을 때

- **她呢?**   Tā ne? 그녀는?
   = **她在哪儿?**   Tā zài nǎr? 그녀는 어디 있나요?

◉ 의문사와 조사 '呢'

'吗'는 의문사와 함께 쓸 수 없으나 '呢'는 의문사를 포함하는 의문문에 함께 쓸 수 있다.

- **她是谁呢?**   그녀는 누구인가요?
   Tā shì shéi ne?

1 他正在　　呢。 그는 ~를 하고 있어요.
Tā zhèngzài … ne.

🎧 14-04

예 她正在做作业呢。 그녀는 숙제를 하고 있어요.
Tā zhèngzài zuò zuòyè ne.

看电影
kàn diànyǐng

上课
shàng kè

打电话
dǎ diànhuà

2 你想　　吗? 당신 ~하고 싶어요?
Nǐ xiǎng … ma?

🎧 14-05

예 你想看电影吗? 당신은 영화를 보고 싶은가요?
Nǐ xiǎng kàn diànyǐng ma?

去上海
qù Shànghǎi

喝咖啡
hē kāfēi

上口语课
shàng kǒuyǔ kè

祝你生日快乐!

Zhù nǐ shēngrì kuàilè!

생일 축하해!

 학습내용

- 십이지
- 양사 '只'
- 부사 '快'
- 부정의문문 '不…吗?'

단어 🎧 15-01

快 kuài 및 빨리 형 (속도가) 빠르다	坐 zuò 통 앉다
礼物 lǐwù 명 선물	只 zhī 양 마리 [동물을 세는 단위]
小 xiǎo 형 작다	狗 gǒu 명 개
可爱 kě'ài 형 귀엽다	属 shǔ 통 ~띠이다
兔 tù 명 토끼	(老)虎 (lǎo)hǔ 명 호랑이
怕 pà 통 두려워하다	吃 chī 통 먹다
今年 jīnnián 명 올해	岁 suì 명 세, 살

15-02

李贤秀　小英，祝你生日快乐！
Xiǎoyīng, zhù nǐ shēngrì kuàilè!

林小英　谢谢。快❸请坐！
Xièxie. Kuài qǐng zuò!

金多情　这是你的生日礼物。
Zhè shì nǐ de shēngrì lǐwù.

林小英　啊，是一只❷小狗。太可爱了。
Ā, shì yì zhī xiǎo gǒu. Tài kě'ài le.

金多情　小英，你属❶狗，对吗？
Xiǎoyīng, nǐ shǔ gǒu, duì ma?

林小英　对，我属狗。
Duì, wǒ shǔ gǒu.

林小英　贤秀，你属什么？
🎧 15-03
Xiánxiù, nǐ shǔ shénme?

李贤秀　属兔。
Shǔ tù.

林小英　多情呢？
Duōqíng ne?

金多情　我属虎。
Wǒ shǔ hǔ.

林小英　你属兔，她属虎。
Nǐ shǔ tù, tā shǔ hǔ.

贤秀，你不怕老虎吃小兔吗？ 4
Xiánxiù, nǐ bú pà lǎohǔ chī xiǎo tù ma?

李贤秀　哈哈，不怕不怕！
Hāhā, bú pà bú pà!

문법 해설

1 십이지

鼠 쥐
shǔ

牛 소
niú

虎 호랑이
hǔ

兔 토끼
tù

龙 용
lóng

蛇 뱀
shé

马 말
mǎ

羊 양
yáng

猴 원숭이
hóu

鸡 닭
jī

狗 개
gǒu

猪 돼지
zhū

2 양사 '只'

◎ 동물의 수를 헤아림

- 一只羊 양 한 마리
  yì zhī yáng

- 两只老虎 호랑이 두 마리
  liǎng zhī lǎohǔ

◎ 짝을 이루고 있는 것의 수를 헤아림

- 两只手 두 손
  liǎng zhī shǒu

3 부사 '快'

'快'는 원래 '(속도가) 빠르다'라는 뜻의 형용사이다. 그러나 다른 성분의 도움 없이 동사의 앞에서 동사를 직접 수식할 경우에는 '어서', '서둘러'라는 뜻의 부사로 쓰인다.

- 快走!　어서 가요!
  Kuài zǒu!

- 快吃!　어서 먹어요!
  Kuài chī!

4 부정의문문 '不…吗?'

부정의문문은 강조의 느낌으로 질문하는 일반적인 경우와 질문보다는 질책의 느낌이 강한 반어문의 경우로 나눌 수 있다.

◉ 일반적인 부정의문문

- 他不去学校吗?　그는 학교에 가지 않나요?
  Tā bú qù xuéxiào ma?

◉ 질책의 부정의문문

- 你不是老师吗!　당신 선생님이잖아요!
  Nǐ bú shì lǎoshī ma!

문형 연습

예 **快** 请坐 ！ 어서 앉으세요!
Kuài qǐng zuò!

做作业
zuò zuòyè

打电话
dǎ diànhuà

看
kàn

예 **你不怕** 老虎吃小兔 **吗?** 당신은 호랑이가 작은 토끼를 잡아먹을까 두렵지 않나요?
Nǐ bú pà lǎohǔ chī xiǎo tù ma?

你爸爸
nǐ bàba

汉语老师
Hànyǔ lǎoshī

狗
gǒu

132

16

复习 2
Fùxí èr
복습 2

 학습내용

- 시량보어
- 내용 Check!

 단어 🎧 16-01

早上 zǎoshang 몡 아침	饭 fàn 몡 밥
都 dōu 면 모두, 다	常常 chángcháng 면 늘, 항상
一起 yìqǐ 면 같이	说 shuō 통 말하다

我叫李贤秀，我来北京两个月★了。我每天

Wǒ jiào Lǐ Xiánxiù, wǒ lái Běijīng liǎng ge yuè le. Wǒ měitiān

很忙，早上七点起床，七点二十分吃饭，八点

hěn máng, zǎoshang qī diǎn qǐ chuáng, qī diǎn èrshí fēn chī fàn, bā diǎn

上课。我从周一到周五每天上午有四节课，

shàng kè. Wǒ cóng zhōuyī dào zhōuwǔ měitiān shàngwǔ yǒu sì jié kè,

星期二下午有两节口语课。

xīngqī'èr xiàwǔ yǒu liǎng jié kǒuyǔ kè.

我们班有三位中国老师，一位是王老师，
Wǒmen bān yǒu sān wèi Zhōngguó lǎoshī, yí wèi shì Wáng lǎoshī,

一位是林老师，一位是李老师，他们都很好。
yí wèi shì Lín lǎoshī, yí wèi shì Lǐ lǎoshī, tāmen dōu hěn hǎo.

星期六和星期天我们没有课，我常常在宿舍
Xīngqīliù hé xīngqītiān wǒmen méiyǒu kè, wǒ chángcháng zài sùshè

休息、做作业。
xiūxi、zuò zuòyè.

我有一个中国朋友，叫林小英。她属狗。
Wǒ yǒu yí ge Zhōngguó péngyou, jiào Lín Xiǎoyīng. Tā shǔ gǒu.

今天是小英的生日，我和多情一起去她家，
Jīntiān shì Xiǎoyīng de shēngrì, wǒ hé Duōqíng yìqǐ qù tā jiā,

祝她生日快乐。我们说汉语，也说韩语。
zhù tā shēngrì kuàilè. Wǒmen shuō Hànyǔ, yě shuō Hányǔ.

今天我们都很快乐！
Jīntiān wǒmen dōu hěn kuàilè!

■ 시량보어

시간의 길이를 표시하는 보어를 '시량보어'라고 한다. 시간의 양을 나타내는 표현이라면 모두 시량보어가 될 수 있다. 어순은 '주어 + 동사 + (목적어) + 시량보어'이다.

주어 + 동사 + 목적어 + 시량보어
他　　去　　美国　　一年了。　그는 미국에 간지 1년이 되었어요.
Tā　　qù　　Měiguó　yì nián le.

내용 Check!

1 贤秀来北京几个月了? ·
Xiánxiù lái Běijīng jǐ ge yuè le?

2 贤秀每天有几节课? ·
Xiánxiù měitiān yǒu jǐ jié kè?

3 他们班的口语老师是谁? ·
Tāmen bān de kǒuyǔ lǎoshī shì shéi?

4 周末贤秀做什么? ·
Zhōumò Xiánxiù zuò shénme?

5 林小英属什么? ·
Lín Xiǎoyīng shǔ shénme?

본문 해석

02 你好!

A 안녕하세요!
B 안녕하세요!
A 바쁘세요?
B 바빠요. 당신은요?
A 그다지 바쁘지 않아요.

03 谢谢!

A 안녕하세요!
B 안녕하세요! 들어오세요!
A 집이 예쁘네요.
B 고마워요! 커피 드세요.
A 고맙습니다.
B 천만에요.

04 您贵姓?

A 실례합니다만, 당신의 성은 무엇인가요?
B 제 성은 린씨이고, 이름은 린샤오잉이라고 합니다. 당신은 이 선생님이세요?
A 맞습니다. 제 이름은 이현수입니다.
B 환영해요. 이 선생님.

05 她是哪国人?

이현수   이 아가씨는 누구세요?
김다정   (그녀는) 제 학우예요.
이현수   (그녀는) 어느 나라 사람인가요?
김다정   (그녀는) 일본인이에요.
이현수   (그녀는) 한국어를 알아요?
김다정   몰라요.

06 朴先生在吗?

이현수   여보세요?
린샤오잉   안녕하세요! 실례지만, 박 선생님 계세요?
이현수   안 계세요. 당신은…?
린샤오잉   저는 린샤오잉입니다. 당신은 이 선생님이시죠?
이현수   네! 그는 오후에 돌아와요.
린샤오잉   고맙습니다.
이현수   천만에요. 다음에 봐요!
린샤오잉   다음에 봐요!

07 我家有五口人。

린샤오잉   현수 오빠, 오빠는 식구가 어떻게 되나요?
이현수   우리 집은 다섯 식구야. 아버지, 어머니, 여동생 둘과 나. 너네 집은?
린샤오잉   우리 집도 다섯 식구예요. 할아버지, 할머니, 아버지, 어머니 그리고 저예요.
이현수   너 형제자매 없어?
린샤오잉   없어요. 저는 외동딸이에요.

08 复习1

　제 이름은 김다정이고, 한국인이에요. 저는 베이징에서 중국어를 공부해요. 우리 집은 다섯 식구예요. 아버지, 어머니, 남동생 두 명 그리고 저예요. 제게는 친구가 둘 있는데, 한 명은 이현수라고 하고, 다른 한 명은 린샤오잉이라고 해요.
　현수 씨는 한국인이고, 그는 회사에서 일해요. 샤오잉 씨는 중국인이고, 그녀는 한국어를 공부해요. 그녀의 식구는 다섯 명이에요. 할아버지, 할머니, 아버지, 어머니 그리고 그녀예요. 그녀는 형제자매가 없어요. 그녀는 외동딸이에요.

09 哈哈，你错了！

본문 1

김다정	오늘 며칠이지?
이현수	24일이야.
김다정	오늘 무슨 요일이야?
이현수	수요일이야.
김다정	내일은 린샤오잉의 생일이야.

본문 2

다정&현수	린샤오잉, 생일 축하해!
린샤오잉	제 생일이라고요?
김다정	응. 오늘 8월 25일이잖아.
린샤오잉	고마워요. 제 생일은 8월 25일이 아니라, 9월 25일이에요.
이현수	하하. 다정아. 너 틀렸어!

10 你的电话号码是多少？

본문 1

이현수	샤오잉, 네 전화번호는 몇 번이야?
린샤오잉	823050660이에요.
이현수	너 휴대전화 있어?
린샤오잉	있어요. 제 휴대전화 번호는 136-0128-5669예요.

본문 2

직원	안녕하세요! 방이 몇 개 필요하세요?
이현수	3개요.
직원	여러분의 신분증을 제시해 주세요.
이현수	이건 제 여권입니다.
직원	여권 번호가 어떻게 되세요?
이현수	JR1502818입니다.
김다정	제 여권 번호는 JR1516970입니다.
직원	고맙습니다. 여러분의 방 번호는 1011, 1012, 1013입니다.

11 今天星期天！

본문 1

이현수	다정아, 지금 몇 시야?
김다정	7시 10분이야.
이현수	몇 시에 수업 시작이지?
김다정	8시.
이현수	우리 몇 시에 갈까?
김다정	8시 15분 전에. (7시 45분에.)

본문 2

김다정	일어나!
이현수	몇 시 되었는데?
김다정	8시 반이야.
이현수	큰일이다! 수업에 지각했어.
김다정	오늘은 일요일이야!

12 教学楼在哪儿？

본문 1

이현수	실례합니다만, 강의동은 어디인가요?
중국인A	앞쪽에 있어요.
이현수	어떻게 가나요?
중국인A	앞쪽으로 걸어가서, 사거리에 도착하면 왼쪽으로 꺾으세요.
이현수	먼가요?
중국인A	멀지 않아요.

본문 2

이현수	실례합니다만, 어느 건물이 강의동이죠?
중국인B	저 건물이 바로 강의동이에요.
이현수	고맙습니다!
중국인B	천만에요!

13 你下午有没有课?

본문 1

린샤오잉   오빠는 매일 수업이 몇 시간 있어요?
이현수   월요일부터 금요일까지 나는 매일 오전에 수업이
          네 시간 있어.
린샤오잉   오후에는요? 오후에는 수업이 있나요?
이현수   화요일 오후에 회화 수업이 두 시간 있어. 너는?
린샤오잉   저는 오빠와 같아요.
이현수   지금 어디로 가니?
린샤오잉   집에 가요.

본문 2

김다정   너희 반에 학생이 몇 명 있어?
이현수   22명.
김다정   중국인 선생님은 몇 분이야?
이현수   세 분.
김다정   너희 반 회화 선생님은 누구셔?
이현수   왕핑 선생님.
김다정   너무 신기하다. 왕 선생님은 우리 반 회화 선생님
       이시기도 하거든.

14 我正在做作业呢。

본문 1

김다정   현수야, 너 뭐 하고 있어?
이현수   난 숙제하고 있어.
김다정   좀 쉬지 그래. 너 영화 보고 싶니? 샤오잉도 가는데.
이현수   언제?
김다정   오후 3시에.
이현수   좋아.

본문 2

마린   다정아, 현수야, 너네 누구 기다리고 있어?
이현수   우리 린샤오잉 기다리고 있어.
마린   린샤오잉은?
김다정   기숙사에 있어.
마린   봐. 샤오잉 왔어.

15 祝你生日快乐!

본문 1

이현수   샤오잉, 생일 축하해!
린샤오잉   고마워요. 얼른 앉아요!
김다정   이건 네 생일 선물이야.
린샤오잉   아, 강아지네. 정말 귀엽네요!
김다정   샤오잉, 너 개띠 맞지?
린샤오잉   맞아요. 저는 개띠예요.

본문 2

린샤오잉   현수 오빠는 무슨 띠예요?
이현수   토끼띠야.
린샤오잉   다정이 언니는요?
김다정   나는 호랑이띠야.
린샤오잉   오빠는 토끼띠고, 언니는 호랑이띠네요.
         오빠, 호랑이가 작은 토끼를 잡아먹을까 걱정되지
         않아요?
이현수   하하, 안 무서워. 안 무서워!

16 复习2

　　저는 이현수라고 해요. 저는 베이징에 온지 두 달이 되었
어요. 저는 매일 바빠요. 아침 7시에 일어나서, 7시 20분에
밥을 먹고, 8시에 수업을 시작해요. 저는 월요일부터 금요일
까지 매일 오전에 수업이 네 시간 있고, 화요일 오후에는 회
화 수업이 두 시간 있어요.

　　우리 반에는 중국인 선생님이 세 분 계신데, 한 분은 왕
선생님이고, 한 분은 린 선생님이고, 한 분은 리 선생님이에
요. 선생님들은 모두 좋으세요. 토요일과 일요일에 우리는 수
업이 없는데, 저는 종종 기숙사에서 쉬기도 하고 숙제를 하
기도 해요.

　　제게는 중국인 친구가 한 명 있는데, 이름은 린샤오잉이라
고 하고, 그녀는 개띠예요. 오늘이 샤오잉의 생일이라 저와
다정이는 함께 샤오잉의 집에 가서 그녀의 생일을 축하했어
요. 우리는 중국어도 하고, 한국어도 해요. 오늘 우리는 모두
즐거웠어요!